集刊 中国学术期刊（光盘版）全文收录期刊

中国—东盟研究

CHINA-ASEAN STUDIES

2021年第二辑（总第十八辑）

中国—东盟区域发展省部共建协同创新中心◎编

中国社会科学出版社

图书在版编目(CIP)数据

中国—东盟研究.2021年.第二辑：总第十八辑/中国—东盟区域发展省部共建协同创新中心编.—北京：中国社会科学出版社，2021.6

ISBN 978-7-5203-9211-2

Ⅰ.①中… Ⅱ.①中… Ⅲ.①自由贸易区—区域经济发展—研究—中国、东南亚国家联盟 Ⅳ.①F752.733

中国版本图书馆CIP数据核字（2021）第190644号

出 版 人 赵剑英
责任编辑 陈雅慧
责任校对 王 斐
责任印制 戴 宽

出　　版 中国社会科学出版社
社　　址 北京鼓楼西大街甲158号
邮　　编 100720
网　　址 http://www.csspw.cn
发 行 部 010-84083685
门 市 部 010-84029450
经　　销 新华书店及其他书店

印　　刷 北京明恒达印务有限公司
装　　订 廊坊市广阳区广增装订厂
版　　次 2021年6月第1版
印　　次 2021年6月第1次印刷

开　　本 710×1000 1/16
印　　张 11.5
插　　页 2
字　　数 191千字
定　　价 68.00元

《中国—东盟研究》编辑部

目录

CONTENTS

中国—东盟数字平台

老挝电子商务发展的机遇和挑战：来自中国的经验
……［老挝］本派·帕派朗西　苏纳达·波利翁　普桑来·潘达翁 / 3
数字平台的离线与在线风险分析
……………………………………［马来西亚］法琳娜·赛德 / 16
消除数字鸿沟的策略 …………［菲律宾］弗朗西斯·马克·A. 昆巴 / 30
中国—新加坡数字平台合作………………［新加坡］林大伟　刘伯健 / 49
越南对促进数字平台可持续发展的观点和政策………［越南］阮廷山 / 64
中国—东盟医疗器械跨境电商合作的路径与目标 ……………李安渝 / 78
展望缅甸工业 4.0，迈向数字化转型升级 …………［缅甸］吞都拉特 / 85

国别与区域研究

未来劳动力在马来西亚的发展趋势
……………………………［马来西亚］陈凯文　哈里斯·扎伊努尔 / 99
罗兴亚难民问题对“一带一路”建设的多维
影响及中国的战略应对 ……………………………朱陆民　常伟鹏 / 118
21 世纪东盟航空一体化进程及实施成效的研究……李宏斌　王　振 / 141

附　录

中国—东盟区域发展省部共建协同创新中心简介 ………………………… 163

广西大学国际学院简介 …… 167
广西大学中国—东盟研究院简介 …… 168
广西大学中国—东盟信息港大数据研究院简介 …… 171
《中国—东盟研究》征稿启事 …… 173

Contents

China-ASEAN Digital Platforms

Opportunities and Challenges Associated with E-Commerce Development in Laos: Notes from China's Experience ···*Bounphieng Pheuaphetlangsy Sunada Bolivong Phousamleth Phankhavong* / 3

Offline and Online Perils of Digital Platforms ············ *Farlina Md Said* / 16

Strategies for Bridging the Digital Divide ········ *Francis Mark A. Quimba* / 30

Digital Platform Cooperation with China: The Case Study of Singapore ···································· *Lim Tai Wei Liu Bojian* / 49

Vietnam's Perspectives and Policies towards Promoting Sustainable Development of Digital Platform ········ *Nguyen Dinh Sach* / 64

The Paths and Objectives of China-ASEAN Cross-Border E-Commerce Cooperation in Medical Devices ···················· *Li Anyu* / 78

Envisioning Digital Myanmar 4.0 ························ *Tun Thura Thet* / 85

Country and Region Studies

Trends in Malaysia's Future of Work ········ *Calvin Cheng Harris Zainul* / 99

The Multidimensional Influence of Rohingya Refugees on the Construction of "Belt and Road" and China's Strategic Response ······················ *Zhu Luming Chang Weipeng* / 118

Study on the Process and Implementation Effectiveness of ASEAN Aviation Integration in the 21st Century ······ *Li Hongbin Wang Zhen* / 141

Appendix

Introduction on China-ASEAN Collaborative Innovation Center for Regional Development Co-constructed by the Province and Ministry ······ 163
Introduction on InternationalCollege of Guangxi University ······ 167
Introduction on China-ASEAN Research Institute of Guangxi University ······ 168
Introduction on China-ASEANInformation Harbor Institue of Big Data Research of Guangxi University ······ 171
Call for Papers ······ 173

中国—东盟数字平台

China-ASEAN Digital Platforms

老挝电子商务发展的机遇和挑战：来自中国的经验

［老挝］本派·帕派朗西　苏纳达·波利翁
普桑来·潘达翁（著）　陈园园（译）*

【摘要】近年来，老挝政府认识到经济数字化可以成为经济增长的重要引擎。电子商务不仅为企业打开了市场，而且为消费者提供了更加丰富的产品选择和便利服务。尽管电子商务潜力巨大，老挝在充分利用电子商务发展的机遇方面仍面临困难。例如，电子商务法律框架效率低下、物流系统落后、与信息通信技术有关的基础设施不足等。本文通过分析中国推进电子商务发展的经验，发现中国互联网普及率高的原因在于建设了先进的互联网基础设施，实施了有利于在线交易平台服务商、电子零售商和消费者的电子商务政策，同时鼓励国内技术公司参与。这些综合因素是中国电子商务发展的关键。最后，本文总结了值得老挝在电子商务发展过程中借鉴的主要经验。

【关键词】技术 数字平台 电子商务 信息通信技术 基础设施 老挝

【作者简介】本派·帕派朗西（Bounphieng Pheuafetlangsy），老挝外交学院战略与国际研究处，副处长；苏纳达·波利翁（Sunada Boliong），老挝外交学院战略与国际研究处，研究员；普桑来·潘达翁（Phousamleth Phankhavong），东盟战略与国际问题研究所（ASEAN-ISIS）、老挝外交学院国际合作部，研究员。

* 陈园园，广西大学国际学院《中国—东盟研究》编辑部，责任编辑。

一 引言

数字平台为企业参与经济活动，尤其是贸易活动，创造了新机遇。它们可以通过降低交易成本和优化信息渠道来提高企业效率和效益。数字平台在降低消费价格的同时，还可以为消费者提供全球范围内更加丰富的产品选择，提高各地市场准入，降低营销和广告成本，提高企业竞争力，提高资源利用率，提高服务提供商的灵活性，从而提高产品销售量，为企业创造更高的利润。

塞纳摩尔（Cenamor）、巴里达（Parida）和文森特（Wincent）等学者开展了一项名为“创业型中小企业如何通过数字平台进行竞争：数字平台能力、网络能力和二元性的作用”的研究，发现在激烈竞争的环境中已有众多中小企业运用数字平台有效地提高了业务水平。企业可以利用数字平台这种技术工具快速自主地对信息或数据进行编辑、发布和传播，使新产品能够快速推向国内外市场，为企业赢得更多竞争优势。① 塞纳摩尔等人还发现，数字技术与公司业绩的改善息息相关。② 这与奥赫里门科（Okhrimenko）等人的研究结果一致。③ 数字技术有助于企业改善其整体资源管理，还可以加速企业创新，加强供应链管理。值得注意的是，数字化将推动产业和初创企业的国际化。因此，欧洲（欧盟）国家认为数字化是提高竞争力、经济进步和就业增长的关键推动力之一，并已将其纳入各种欧盟倡议，例如，“全球化时代工业政策”“欧洲数字议程”和“创新联盟”。

近年来，谷歌、脸书、亚马逊、阿里巴巴等数字平台在全球经济中扮演着越来越重要的角色。2017 年，市值超过 1 亿美元的数字平台公司的总价值估计超过 7 万亿美元，比 2015 年高出 67%。全球信息和通信技术服务与数字化交付服务的出口增长速度远远快于整体服务出口。例如，2018

① Cenamor, J., Parida, V. and Wincent, J., “How Entrepreneurial SMEs Compete Through Digital Platforms: The Roles of Digital Platform Capability, Network Capability and Ambidexterity”, *Journal of Business Research*, Vol. 100, 2019, pp. 196 – 206.

② Cenamor, J., Parida, V. and Wincent, J., “How Entrepreneurial SMEs Compete Through Digital Platforms: The Roles of Digital Platform Capability, Network Capability and Ambidexterity”, *Journal of Business Research*, Vol. 100, 2019, p. 197.

③ Okhrimenko, et. Al., “Digital Transformation of the Socio-Economic System: Prospects for Digitalization in Society”, *Revista ESPACIOS*, Vol. 40, No. 38, 2019, p. 26.

年，数字化交付服务出口额为2.9万亿美元，占全球服务出口的50%。在努力利用数字技术的最不发达国家，这类服务的出口从2005年至2018年也翻了两番。[①]这表明，发达国家和发展中国家的数字化均在迅速发展。

此外，数字平台的另一个优势是能够保持供应链以及世界各地人民之间的联系，即使在危机时期也是如此，尽管骚乱事件时有发生。[②]例如，新冠肺炎疫情扩散期间，在多个国家和地区实施限制出行和保持社交距离等措施的情况下，得益于数字平台及信息和通信技术，企业仍然能够继续提供服务，区域和国际合作仍然可以继续开展。[③]

然而，企业从数字平台获益并非易事。根据奥赫里门科等人的观点，仅仅拥有数字技术并不一定能提高企业绩效，企业调动和利用数字平台的能力才是决定性因素。此外，某些平台日益强大的市场影响力，以及对竞争、数据保护和所有权、消费者保护和税收、监管和就业政策的相关影响，使得人们的担忧与日俱增。[④]除此之外，发达国家与发展中国家或最不发达国家之间以及城乡之间的数字鸿沟正在进一步扩大。例如，美国和中国占区块链技术相关专利的75%以上，在全球70%的最大数字平台中市值占比90%以上，而欧洲仅占4%，非洲和拉丁美洲加起来只有1%。[⑤]

此外，对于包括老挝在内的试图通过经济数字化以促进经济增长和社会变革的许多国家而言，缺乏与信息和通信技术相关的基础设施也是一项巨大的挑战。[⑥]

---

① United Nations Conference on Trade and Development, "Digital Economy Report 2019", September 4, 2019, https://unctad.org/system/files/official-document/der2019_en.pdf，登录时间：2020年9月5日。

② Tiago, M. T. P. M. B. and Veríssimo, J. M. C., "Digital Marketing and Social Media: Why Bother?" *Business Horizons*, Vol. 57, No. 6, 2014, pp. 703–708.

③ United Nations, "Making Digital Platforms Work for Development", March 20, 2019, https://unctad.org/en/PublicationsLibrary/presspb2019d2_en.pdf，登录时间：2020年9月5日。

④ United Nations Conference on Trade and Development, "Digital Economy Report 2019", September 4, 2019, https://unctad.org/system/files/official-document/der2019_en.pdf，登录时间：2020年9月5日。

⑤ United Nations Conference on Trade and Development, "Digital Economy Report 2019", September 4, 2019, https://unctad.org/system/files/official-document/der2019_en.pdf，登录时间：2020年9月5日。

⑥ Afonasova, M. A., Panfilova, E. E. and Galichkina, M. A., "Social and Economic Background of Digital Economy: Conditions for Transition", *European Research Studies Journal*, Vol. XXI, No. 3, 2018, pp. 292–302.

本文通过分析老挝电子商务发展面临的挑战，总结中国在经济数字化方面的经验，为老挝和其他国家推动数字平台的发展提供借鉴。

二　老挝电子商务的现状与挑战

老挝已经认识到数字技术将带来巨大红利，正努力在国家发展进程和公共服务中提高科学技术的应用。① 为了进一步促进贸易和投资，帮助国内生产商和服务商更好地进入国内外市场，尤其是东盟市场，老挝政府正在推动电子商务的发展，这也是《2025 年东盟经济共同体蓝图》（*ASEAN Economic Community Blueprint 2025*）的一个主要目标。为了实现目标，老挝工商部与老挝国家工商会在亚洲开发银行（Asian Development Bank）的支持下于 2017 年创建了电子商务平台 Plaosme。与其他像脸书和 Instagram 等在老挝非常受欢迎的数字平台不同的是，Plaosme 是一个可以同时开展线上和线下业务的平台。②

在 2020 年 3 月至 5 月新冠肺炎疫情扩散期间，老挝政府史无前例地实施了包括封锁和社交隔离在内的遏制疫情蔓延的措施。面对这种情况，服务商［尤其是在首都万象（Vientiane）的服务商］为了生存不得不探索新的经营方式。他们借助数字平台继续提供服务。例如，万象当地居民开始熟悉 Go Teddy 和 Food Panda 平台，在家里或办公室即可通过这两个平台订购食物和饮料。据估计，网上订单每天增加 100—200 个，甚至 1200—2000 个。此外，在这两个平台上注册的当地餐馆和小商店数量也翻了 3 倍，从 1 月的 50 家增加到 5 月的 150 家。③ 这表明数字技术可以改变企业的经营方式，并对老挝未来的整体发展产生影响。

尽管如此，电子商务在老挝还是一个相对较新的事物，仍面临许多问

① Ministry of Planning and Investment, *The 8th Five-Year-Socio-Economic Development Plan* (2016 - 2020), Vientiane, Lao PDR: Ministry of Planning and Investment, 2016.

② Leebouapao, L., Sitthideth, P., Douangpaseuth, K. and Suhud, Y., "E-Commerce Development in the Lao PDR: Some Policy Concerns", in Chen, L. and F. Kimura eds., *E-commerce Connectivity in ASEAN*, Jakarta, Indonesia: Economic Research Institute for ASEAN and East Asia, 2020, pp. 235 - 251.

③ United Nations Development Programme (UNDP), "How COVID Could Accelerate Digitalization in Laos", May 13, 2020, https://www.la.undp.org/content/lao_pdr/en/home/blog/2020/how-covid19-could-accelerate-digitalization-in-laos.html，登录时间：2020 年 9 月 6 日。

题需要解决，以便为老挝今后电子商务的发展铺平道路。老挝面临的一个挑战是缺乏完整的电子商务相关监管体系，包括保护网络消费者隐私权和权益的法律。例如，尽管2017年老挝就已经通过了有关国家支付系统方面的法规，但大多数消费者对参与网上交易，尤其是对进行网上金融交易缺乏信心。因为在脸书和Instagram上都发生过诈骗案件。用户订购产品并预付货款，但订购的产品没有交付，骗子却能够携款逃脱。老挝政府面临的另一个挑战是税收流失的问题。传统商家通过脸书和Instagram等数字平台进行产品和服务交易，而老挝政府对这类非传统的线上交易没有具体的监管机制。这就意味着，任何人（无论是否拥有商业注册或专利）都可以在网上销售商品，并且可以不向政府纳税。①

此外，老挝缺乏与信息和通信技术有关的基础设施，智能手机和互联网普及率低，网络成本高且速度慢，这些情况在农村和偏远地区更为突出。这不利于公众参与网上交易。与其他东盟成员国相比，老挝是互联网成本较高的国家之一。根据东盟2020年的数据，固定宽带速度世界排名第一的新加坡为181.47Mbps，泰国为47.35Mbps，而老挝仅为13.11Mbps。在东盟成员国中，新加坡互联网成本最低，每月每兆比特仅0.05美元，其次是泰国0.42美元，而老挝平均成本为每月每兆比特4.25美元。② 此外，尽管当前老挝从事物流服务的私营公司数量在增加，在大城市可以准时交货，但是由于运输基础设施不足和邮政系统效率低下等，物流延迟问题还是时有发生。③

在网上支付方面，部分人群，特别是农村和边远地区人口没有银行账户，即使他们有账户，也并非所有人都拥有智能手机，并熟悉网上银行等物联网应用。此外，国内企业、企业家和个人明显缺乏运用信息和通信技术资源来提高自身业绩的技能和能力。这也阻碍了老挝电子商务的发展。

---

① Leebouapao, L., Sitthideth, P., Douangpaseuth, K. and Suhud, Y., "E-Commerce Development in the Lao PDR: Some Policy Concerns", in Chen, L. and F. Kimura eds., *E-commerce Connectivity in ASEAN*, Jakarta, Indonesia: Economic Research Institute for ASEAN and East Asia, 2020, p. 239.

② "Singapore Wins the Internet Speed Race", *The ASEAN Post*, August 24, 2018, https://theaseanpost.com/article/singapore-wins-internet-speed-race，登录时间：2020年9月6日。

③ Leebouapao, L., Sitthideth, P., Douangpaseuth, K. and Suhud, Y., "E-Commerce Development in the Lao PDR: Some Policy Concerns", in Chen, L. and F. Kimura eds., *E-commerce Connectivity in ASEAN*, Jakarta, Indonesia: Economic Research Institute for ASEAN and East Asia, 2020, pp. 235 - 251.

总之，目前老挝电子商务监管体系不完善，缺乏与信息和通信技术有关的基础设施，互联网覆盖率低且成本高速度慢，运输基础设施不足，物流系统落后，城乡之间存在技术差距，各方参与者缺乏所需技术知识等，这些因素阻碍了老挝电子商务的发展。老挝需要应对这些挑战，以便能够抓住发展电子商务的机遇。

三 老挝政府为发展电子商务所做的努力

认识到老挝电子商务发展面临的挑战，近年来老挝政府做出了不懈的努力。如前所述，老挝建立了在线交易平台 Plaosme，旨在为国内企业和企业家拓宽市场以促进商业活动。① 然而，自 2017 年创建以来，该平台仍处于初级发展阶段。仅拥有该交易平台难以适应电子商务蓬勃发展，这意味着还需要进一步的努力。②

在监管框架方面，老挝于 2016 年通过了《防范和打击网络犯罪法》(*Law on Prevention and Combating of Cyber Crime*)，旨在保护个人信息和数据库，以维护国家和平与稳定；2017 年颁布了有关国家支付系统方面的法规，以维护货币稳定和金融体系，并减少现金交易。然而，目前如网络消费者隐私权和权益保护法等方面的立法仍是空白，需要出台和实施专项法律以提高线上服务商和消费者的信心，确保买卖双方都能享受到参与线上交易的好处。③

此外，发展电子商务是《2025 年东盟经济共同体蓝图》的主要目标之一，老挝政府正致力于实施东盟 2017—2025 年电子商务工作计划。除此以外，老挝政府还努力发展与信息和通信技术有关的基础设施、教育和技术

---

① Leebouapao, L. , Sitthideth, P. , Douangpaseuth, K. and Suhud, Y. , "E-Commerce Development in the Lao PDR: Some Policy Concerns", in Chen, L. and F. Kimura eds. , *E-commerce Connectivity in ASEAN*, Jakarta, Indonesia: Economic Research Institute for ASEAN and East Asia, 2020, pp. 235 – 251.

② Sengpunya, P. , "ASEAN E-Commerce Legal Framework and Alignment of Lao PDR: A Review", *Lentera Hukum*, Vol. 6, No. 3, 2019, pp. 371 – 392.

③ Leebouapao, L. , Sitthideth, P. , Douangpaseuth, K. and Suhud, Y. , "E-Commerce Development in the Lao PDR: Some Policy Concerns", in Chen, L. and F. Kimura eds. , *E-commerce Connectivity in ASEAN*, Jakarta, Indonesia: Economic Research Institute for ASEAN and East Asia, 2020, pp. 235 – 251.

能力、消费者保护机制、监管框架、电子交易和物流安全。①

最近，东盟在第一个《东盟信息和通信技术总体规划（2010—2015年）》（*ASEAN ICT Master Plan/AIM 2010—2015*）的基础上制定了《东盟信息和通信技术总体规划2020》（*ASEAN ICT Master Plan/AIM 2020*），目的是“实现向数字经济的转型，发展转型所需的人力资源，促进形成一个对投资、人才和参与具有吸引力的单一综合市场，并建立一个安全可靠的数字环境”。②

《东盟信息和通信技术总体规划2020》强调了以下8种互联策略：③

1. 经济发展与转型：通过适当的政策创新和创造更多的支付和交易选择来加强数字贸易，尤其是为东盟中小企业提供支持。

2. 通过信息和通信技术实现人力融合和赋权：强调互联互通，发展宽带和数字服务，供东盟公民使用。

3. 创新：通过制定最佳实践指南和政策指南、发展基础设施和创新监测技术，促进和加强东盟智能城市发展。

4. 信息和通信技术基础设施发展：通过识别新技术和新的数字鸿沟加强互联网接入。

5. 人力资源开发：通过在东盟提供培训项目和必要的基本技能培训，平衡信息和通信技术人力资源的需求和供给。

6. 单一市场中的信息和通信技术：通过促进和鼓励外国投资来扩大东盟市场。

7. 新媒体和新内容：支持东盟媒体的新传播和创造。

8. 信息安全与保障：重视东盟区域数据保护和发展安全原则。

《东盟信息和通信技术总体规划2020》与老挝发展电子商务的战略愿景契合。因此，老挝政府将继续与其他东盟成员国合作，为老挝民众和企业提供必要的技能培训，使他们能够从数字化中获益。

---

① Leebouapao, L., Sitthideth, P., Douangpaseuth, K. and Suhud, Y., “E-Commerce Development in the Lao PDR: Some Policy Concerns”, in Chen, L. and F. Kimura eds., *E-commerce Connectivity in ASEAN*, Jakarta, Indonesia: Economic Research Institute for ASEAN and East Asia, 2020, pp. 235 – 251.

② The Association of Southeast Asian Nations, *The ASEAN ICT Master Plan 2020*, Jakarta, Indonesia: The Association of Southeast Asian Nations, 2015, pp. 2 – 30.

③ The Association of Southeast Asian Nations, *The ASEAN ICT Master Plan 2020*, Jakarta, Indonesia: The Association of Southeast Asian Nations, 2015, pp. 2 – 30.

四　中国电子商务案例研究

学习电子商务发展的成功模式对老挝而言至关重要。中国在电子商务方面的经验可以为老挝和其他发展中国家提供可靠的借鉴。

近年来，中国已成为亚太地区电子商务的领跑者之一。其中一个原因是，中国已经成为世界第二大经济体，也是网民人数最多的国家。据中国互联网络信息中心统计，截至 2020 年 3 月，中国网民规模突破 9 亿。值得注意的是，其中农村网民人数为 2.55 亿，占中国网民总数的 28.2%。这些数据表明，中国已经成为一个非常发达的电子商务市场。中国互联网络信息中心的报告还提到，截至 2020 年 3 月，中国网络购物用户规模达 7.1 亿，手机购物用户从 2018 年的 1.16 亿攀升至 7.07 亿。[①] 据中国国家统计局统计，2020 年 1—8 月，中国网上零售额达到 70326 亿元人民币（约合 10380 亿美元），约占消费品零售总额的 24%，[②] 这在很大程度上得益于中国高度先进的信息通信技术（尤其是互联网和智能手机的普及），加上互联网用户已经具备了所需的技能，能够抓住互联网提供的机会。

在法律框架方面，中国政府高度重视电子商务的发展，将电子商务视为经济转型和对外开放的重要工具，制定了许多对商家和消费者有利的电子商务政策。例如，一项重点政策就是降低电子零售商的准入门槛。政府支持电子商务平台的建设，简化资金登记手续，降低进入壁垒，并支持物流基础设施建设，以便利快递服务。此外，禁止电子商务平台供应商对商家施加不合理的限制、条件或收费，以鼓励更多本地商户参与电子商务活动。因此，多年来，C2C 电子商务已经成为中国在线零售市场的主导。再如，修订后的《消费者权益保护法》鼓励保护消费者，要求电子零售商披露其产品和服务的准确信息，建立消费者评价系统，并引入其他方法来确保信息的真实性，包括禁止误导性促销和虚假评论。为进一步降低风险，

---

① China Internet Network Information Center (CNNIC), "The 45th Statistical Report on Internet Development in China", April 2020, https://cnnic.com.cn/IDR/ReportDownloads/202008/P020200827549953874912.pdf，登录时间：2020 年 8 月 22 日。

② National Bureau of Statistics of China, "Total Retail Sales of Consumer Goods Achieve Positive Growth in August 2020", September 16, 2020, http://www.stats.gov.cn/english/PressRelease/202009/t20200916_1789791.html，登录时间：2020 年 10 月 10 日。

还建立起风险监测机构，可以对商家产品进行网上抽查，旨在打击假冒伪劣产品，识别盗窃和其他非法网上交易。[①]

通过降低这些风险，消费者将对电子商务系统产生更多的信任。产品设计和知识产权将受到保护，以防止复制和盗取行为，这有利于鼓励更多制造商和设计师参与，也将吸引更多外国商家的参与，为中国消费者提供更丰富的选择，同时有助于改善人们对中国政府在知识产权保护方面缺少作为的印象。[②]

中国国内电子商务公司也为中国电子商务行业的繁荣做出了贡献。中国最优秀的电子商务供应商代表阿里巴巴集团成立了淘宝村，让草根创业者参与到数字经济当中。截至 2019 年 6 月，全中国淘宝村数量已超过4000 个。随着淘宝商城的开通，一批批本土企业以网上商家的身份开展合作，在网上销售当地特产，能够接触更广泛的消费者。[③] 本土企业家已经成为淘宝村取得成功背后的重要力量。阿里巴巴也提供了众多支持，包括开发快递路线和向当地企业提供大量银行贷款等，这对新创企业的生存至关重要。

除此之外，培训、基础设施、公共服务等政府项目，以及有利于商业发展的环境，为农村电子零售商建立在线商店提供了支持。[④] 此外，为了让网上购物更加便捷，阿里巴巴推出了安全、方便、实用的移动支付应用——支付宝，供消费者在包括网上购物在内的日常生活活动中使用。

五　思考与讨论

通过中国电子商务案例可以看出，凭借在推进信息和通信技术基础设

---

① Yue Hongfei, "National Report on E-commerce Development in China", Vienna, Austria: United Nations Industrial Development Organisation (UNIDO), 2017, pp. 1 – 23.

② Eugene Clark, "China's New E-Commerce Law: A Step in the Right Direction", January 9, 2019, http://www.china.org.cn/opinion/2019 – 01/09/content_74355741.htm，登录时间：2020 年 8 月 22 日。

③ "Number of Taobao Villages in China Soars from 3 to Over 4000 in 10 Years: AliResearch", Xinhuanet, August 2, 2019, http://www.xinhuanet.com/english/2019 – 08/02/c_138278689.htm，登录时间：2020 年 9 月 14 日。

④ Fan Lulu, "Taobao Villages: Rural E-Commerce and Low-End Manufacturing in China", *East-West Wire*, July 32, 2019, https://scholarspace.manoa.hawaii.edu/bitstream/10125/63310/20190731 – Taobao%20Villages.pdf，登录时间：2020 年 9 月 14 日。

施方面的不懈努力，中国已经成为互联网用户规模最大的国家。互联网用户数量的指数级增长促进了中国电子商务的发展。得益于公路和快递路线等有形基础设施的改善，农村地区的配送服务得以实现，可靠和快速的配送得以保障，在线交易在中国变得更加便利。除了硬基础设施外，互联网网络稳定可靠、互联网覆盖率提高以及金融科技等软基础设施的发展使得银行服务覆盖到了偏远村庄，网上交易比以往任何时候都更加便捷，进行电子交易的消费者数量因此激增。而老挝的信息和通信技术基础设施落后、智能手机普及率低、互联网速度慢成本高、网上银行普及率低、农村人口的数字知识有限、因交通基础设施不足导致物流系统效率低下等，导致老挝民众无法充分享受电子商务带来的便捷。

更重要的是，政策也是中国电子商务产业成功背后的推手。中国政府注重制定符合电商利益相关者需求的政策，实施创业优惠政策，鼓励电商平台提供商的参与，同时禁止任何不合理的准入规定或收费规定，以避免打击商家参与的积极性。这反过来会鼓励更多的本土商家参与在线交易。电子零售商数量的增加也意味着消费者拥有更丰富的选择。中国政府也非常重视保护网络消费者的权益。例如，中国的消费者保护政策进一步提高了消费者对网购的信心，让他们更有安全感。而在老挝，这类政策和法规还是空白，这也意味着消费者对网购缺乏信心。

中国电子商务的案例表明，改善信息和通信技术基础设施和实施有利政策并不能确保数字经济达到先进的发展水平，国内电子商务公司、本土企业家和居民的能力也是增长的重要推动力。中央政府和地方政府还与私营部门携手合作，为基层企业家参与电子商务活动提供必要的技能培训、金融和基础设施支持，以加速数字经济的增长。基于以上因素，中国才能够以如此快的速度发展社会经济。另外，电子商务产业在创造就业和收入方面也发挥了重要作用。这表明，发展中国家只要具备适当的政策、较完善的基础设施和鼓励私营企业参与的其他手段，就可以使电子商务以造福社会各方面的方式繁荣发展。

六　政策建议

推动老挝电子商务发展，缩小数字鸿沟，实现经济数字化，促进老挝经济增长，需要多方的共同努力。通过对中国电子商务的分析，可以总结出一些适用于老挝电子商务发展过程的政策建议。

（一）增加软件和硬件基础设施的投资

首先，在东盟成员国中，老挝信息和通信技术基础设施建设仍然落后，应在这一领域增加更多投资，以跟上区域内其他国家的步伐。由于推进数字基础设施的能力和资源（包括资金、技术）有限，老挝政府应加强在信息和通信技术改进方面的区域和国际合作。政府应与新加坡、中国和日本等互联网发达国家密切合作，为老挝消费者提供更实惠、更广泛、更高速的互联网服务。老挝也应寻求与其他国家的合作，以便有效地将其电信基础设施升级到国际标准。

在物流系统方面，虽然已有许多道路建设项目得到国际捐助者的支持，但仍然不足。一些偏远的村庄仍然没有道路。因此，道路建设的合作项目要着重修建连接农村地区和大城市之间的道路网络。与包括私营部门在内的合作伙伴合作，升级物流系统，同时改善道路状况，可促进货物和服务的运送。事实上，日本的经验也可以为老挝提供借鉴。在日本，提供物流或邮政服务的私营公司数量不断增加，促进了竞争，同时降低了价格，提高了服务质量。也就是说，在线订购的商品可以准时交货，鼓励更多消费者进行网上购物。①

（二）建立监管机制，加强监管能力和专业知识培养

中国案例研究表明，监管体系是电子商务发展背后的另一个推动因素。虽然老挝政府近年来通过了一些有关网络安全的法律，但还没有出台具体的电子商务相关法律，如消费者隐私保护法，以及针对私人在线交易平台和电子零售商的优惠政策。因此，老挝的电子商务产业要走向正规化，就需要加快电子商务政策的完善和发展。制定有效和可执行的电子商务法律或政策将提高消费者对网上购物的信心，并鼓励更多私营部门开展

---

① Leebouapao, L., Sitthideth, P., Douangpaseuth, K. and Suhud, Y., "E-Commerce Development in the Lao PDR: Some Policy Concerns", in Chen, L. and F. Kimura eds., *E-commerce Connectivity in ASEAN*, Jakarta, Indonesia: Economic Research Institute for ASEAN and East Asia, 2020, pp. 235 – 251.

网上交易业务。此外，必须培养和强化监管能力和专门知识，以确保与数字有关的法律、法规和条例得到有效实施。在这方面，还应重点关注电子商务税收政策，以防止出现数字平台税收流失的问题。否则，当更多线下商家转向网上交易时，政府可能会流失更多税收收入。

（三）动员私营部门参与电子商务发展

阿里巴巴的成功表明，私营部门也是数字经济发展的推动因素。因此，老挝政府必须动员私营部门的参与，私营部门可能在建立电子商务平台的技术能力和财政资源方面具备优势。从阿里巴巴案例中得到的经验还表明，只要当地或农村商户接受过适当的培训，具备必要的技术技能，并得到当地政府的帮助，由网上交易平台提供商提供资金支持，就有可能成为网上市场的参与者。更多的利益相关者加入电子商务行业可以加速老挝数字经济的发展。

（四）加强数字教育投资

文献显示，公司能力和员工能力决定了企业可获得利益的高低。然而，与该地区其他国家相比，老挝的数字素养仍然相对较低。因此，投资数字教育势在必行，以确保社会上所有群体和企业，无论规模大小，都能参与数字化。否则，数字鸿沟将会进一步扩大。

Opportunities and Challenges Associated with E-Commerce Development in Laos：Notes from China's Experience

Bounphieng Pheuaphetlangsy　Sunada Bolivong
Phousamleth Phankhavong

Abstract　In recent years, the government of Laos recognizes that digitalizing its economy could serve as an important engine for its growth. E-commerce offers numerous opportunities as it not only opens up market opportunities for businesses, but it also provides consumers with more product options and convenience. Despite potential benefits, there are some barriers hindering Laos from fully taking advantage of e-commerce. These include ineffective e-commerce legal frameworks, inadequate information communication technology (ICT) related infrastructure and logistics issues such as roads and out-of-date delivery system. To address these challenges, this paper investigates the experiences of China in boosting its e-commerce development and found that China has the highest Internet penetration rate due to its advance Internet infrastructure, favorable e-commerce policies for online trading platform providers, e-retailers and consumers, and the involvement of capable domestic technology companies in the e-commerce development. These combined factors are the key to the growth of e-commerce in China. Finally, key lessons are drawn for Laos to learn and apply in the process of its e-commerce development.

Key Words Technology; Digital Platform; E-commerce; ICT; Infrastructure; Laos

Authors Bounphieng Pheuaphetlangsy, Strategic and International Studies Division, Institute of Foreign Affairs of Laos, Deputy Director; Sunada Bolivong, Strategic and International Studies Division, Institute of Foreign Affairs of Laos, Research Fellow; Phousamleth Phankhavong, Association of Southeast Asian Nations' Institute of Strategic and International Studies (ASEAN-ISIS) and International Cooperation Division, the Institute of Foreign Affairs of Laos, Research Fellow.

数字平台的离线与在线风险分析

［马来西亚］法琳娜·赛德（著）余俊杰（译）*

【摘要】随着新冠肺炎疫情的暴发，马来西亚政府逐步推行行动管制令，网络空间与技术手段成为马来西亚防疫的重要工具和平台。在此背景下，数字平台引发的离线与在线风险逐渐成为疫情期间的重要议题。本文首先对监测和识别目标群体、控制人员行动及通信等相关技术进行介绍，继而分析新冠肺炎疫情下的技术和临床支持。数字化的离线和在线风险都与技术的应用相关，因此马来西亚需要对网络空间进行全面评估，以解决未来对网络的担忧。

【关键词】网络风险 行动管制令 新冠肺炎疫情 网络安全

【作者简介】法琳娜·赛德（Farlina Md Said），马来西亚战略与国际问题研究院，分析员。

一 引言

2020年3月18日，马来西亚行动管制令（Movement Control Order）正式生效，马来西亚国民因行动管制令限制而转向网络空间开展日常活动。2019年，马来西亚的家庭网络普及率约达90.1%，同时手机普及率近133.6%。① 在第一阶段的行动管制令（2020年3月18日—5月3日）下，

---

* 余俊杰，广西大学国际学院《中国—东盟研究》编辑部，责任编辑。

① MCMC，"MCMC 1Q 2020 Facts & Figures Communication and Multimedia"，https：//www. mcmc. gov. my/skmmgovmy/media/General/pdf/1Q – 2020 – C-M-Facts-and-Figures. PDF，登录时间：2020年8月20日。

大多数国民需居家隔离。网络空间成为大家谋生的手段，数字服务成为一种收入来源。据统计，用户访问量最高的电子商务网站 Shopee 为 7000 家马来西亚中小企业、1500 位本地农场主及 100 位农业产业的企业家以及超过 56000 名渔民提供支持方案。① 除了数字平台和数字服务之外，为抗击新冠肺炎疫情，采用应用软件开展接触者追踪以及监控国民行踪的数字化行动、医疗卫生的数字化以及进一步扩大网络在企业生产中的应用等，均凸显了马来西亚持续扩大网络在相关领域的应用。在早期阶段行动管制令下，马来西亚国民普遍居家隔离，行动管制令生效后的第一周内马来西亚网络流量增加了 23.5%，第二周又进一步增长 8.6%。②

然而，面对频发的网络事件，数字空间为居家条例顺利推进提供的一线希望很快又蒙上了阴影，2020 年 4 月网络事件的发生频次再创新高，其中欺诈数据注册超过 1000 条，而这一指标通常为 700 余条。③ 截止到 2020 年 7 月 6 日，约有 266 份调查问卷作为“虚假信息”被公开扩散。④ 此外，马来西亚国家网络安全局发出警告，指出一些病毒会通过与新冠肺炎疫情相关的网站或受损链接进行传播。网络安全研究企业 Sophos 实验室发现，2019 年底，不止一家网站的 URL 被注入“COVID”字符。3 个月后，超过 42000 个网页的域名中包括“COVID”和“corona”。⑤ 尽管防范新冠肺炎疫情需要从维持日常健康卫生角度着力，而当企业、中小企业主及个人与政府都被迫依靠数字空间为载体，加快塑造经济社会发展之际，维护网络空间的健康同样是当务之急。

---

① Statista, “Top 10 E-commerce Sites in Malaysia Q1 2020”, August 20, 2020, https://www.statista.com/statistics/869640/malaysia-top-10-e-commerce-sites/，登录时间：2020 年 8 月 20 日。

② MCMC, “Media Statement: Changing Usage Patterns Influence Internet Speed in Malaysia”, August 10, 2020, https://www.mcmc.gov.my/en/media/press-releases/media-statement-changing-usage-patterns-influence，登录时间：2020 年 8 月 10 日。

③ MyCERT, “Reported Incidents based on General Incident Classification Statistics 2020”, August 20, 2020, www.mycert.org.my/portal/statistics-content? menu = b75e037d-6ee3-4d11 - 8169 - 66677d694932&id = f88181d6 - 9839 - 4828 - a612 - 1d27c820e1af，登录时间：2020 年 8 月 20 日。

④ “COVID - 19: 266 Investigation Papers on Fake News Opened”, Bernama, August 23, 2020, https://www.astroawani.com/berita-malaysia/covid19 - 266-investigation-papers-on-fake-news-opened - 250100，登录时间：2020 年 8 月 23 日。

⑤ Gallagher, Sean and Andrew Brandt, “Facing Down the Myriad Threats Tied to COVID - 19”, Sophos, August 23, 2020, https://news.sophos.com/en-us/2020/04/14/covidmalware/，登录时间：2020 年 8 月 23 日。

二　马来西亚、网络与新冠肺炎疫情

马来西亚提出的行动管制令可分为若干阶段，2020 年 3 月 18 日起至 5 月 3 日为通常的行动管制令阶段，此外还包括从 5 月 4 日—6 月 8 日的有条件的行动管制令阶段以及 6 月 9 日—8 月 31 日的复苏式行动管制令阶段。不同阶段行动管制令间的区别主要基于具体期限内政府刊发的相关规定不同。在前几个阶段的行动管制令下，除了允许销售生活必需品的超市和杂货店营业以外，所有的经营场所按规定都需关闭。此外，除公共设施、通信、交通、银行、卫生医疗、港口、机场、清洁和食物供应等重要服务之外的政府和私人场所也需关闭。[①] 而在有条件的行动管制令和复苏式行动管制令阶段，相关约束都有所放松，商业活动在标准作业程序的推行下，从表面上看也趋向正常。标准作业程序是指在开展商业经营活动时记录客户的详细信息和对来访者进行体温检测。

根据《1988 年预防控制传染病法》第十一条（以下简称《传染病法》），[②] 马来西亚颁布 2020 年《传染病的预防和控制条例》（感染局部区域），并据此发布了行动管制令。行动管制令在执行《传染病法》过程中得到《警察法令》中相关条例的支持，确保国民遵守为遏制新冠肺炎疫情的传播而制定的具体条例。马来西亚应对新冠肺炎疫情的战略重点在于控制感染病例新增趋势，同时加强对密切接触者的追踪工作。因此，网络在马来西亚国民的日常生活中无处不在，技术应用的范围从监控和识别目标群体延伸至对人员流动的控制。

以下是马来西亚缓解新冠肺炎疫情扩散的技术分类：

（一）监测和识别目标群体的技术

与新加坡的 TraceTogether 和澳大利亚的 COVIDSafe 等其他密切接触者

---

① Bunyan, John, “PM: Malaysia Under Movement Control Order From Wed Until March 31, All Shops Closed Except for Essential Services”, Malaymail, August 5, 2020, https: //www. malaymail. com/news/malaysia/2020/03/16/pm-malaysia-in-lockdown-from-wed-until-march-31-all-shops-closed-except-for/1847204, 登录时间：2020 年 8 月 5 日。

② “Legality of the Movement Control Order”, RLSE, August 20, 2020, https: //rlse. law/legality-of-the-movement-control-order/, 登录时间：2020 年 8 月 20 日。

追踪应用相同，马来西亚政府和私营部门也推出了一款在疫情期间监测和识别目标群体的应用程序。马来西亚国家安全委员会（NSC）、卫生部（MOH）、行政现代化及管理规划局（MAMPU）、通信及多媒体部（MC-MC）之间通过战略合作，于2020年4月初发布MySejahtera应用程序。[①]随后，该应用还将科学技术与创新部（MOSTI）纳入战略合作范围。[②]MySejahtera最初旨在让个人用户评估身体健康状况，同时将个人的健康信息提供至最近的医疗卫生机构。为确保该应用程序能够适应多样的市场需求，开发者还将基于网络的二维码扫描功能等纳入该应用。[③]

马来西亚政府还推出了另一款应用程序MyTrace。它是由科学技术与创新部、马来西亚微电子系统学会（MIMOS）、马来西亚全球创新和创造力中心（MaGIC）、马来西亚国际伊斯兰大学（IIUM）、谷歌与MySejahtera开发团队共同开发的战略合作成果。[④] MyTrace利用蓝牙和距离感测功能来监测安装了相同应用程序的其他设备。与MySejahtera的集中存储方式不同，MyTrace通过一种分散的信息存储方式将信息存储于智能手机中。这两款应用程序均可接入卫生部，而且其信息只能由卫生部官员处理。

马来西亚各州创立和领导的本土企业也开发了密切接触者追踪应用程序，主要包括雪兰莪州（Selangor）的SELangkah，沙捞越州（Sarawak）的COVIDtrace和Qmunity，沙巴州（Sabah）的SabahTrace，登嘉楼州（Terengganu）的Masuk. la和柔佛州（Johor）的Jejak Johor。这些应用程序均通过不同的方法来追踪接触者，同时努力简化追踪受感染接触者的步骤。如SELangkah、SabahTrace、Masuk. la和Qmunity等应用程序使用地点作为追踪的锚点，因为GEO-QR码标记方法可以追踪到一些感染病例去过的场所以及可能受感染的密切接触者。沙捞越的COVIDtrace使用了

---

① Sagar, Mohit, "Malaysia Government Next to Launch App to Monitor COVID - 19 Outbreak", OpenGov, August 20, 2020, https: //opengovasia. com/malaysia-government-next-to-launch-app-to-monitor-covid - 19-outbreak/，登录时间：2020年8月20日。

② 从FAQ MySejahtera中可以发现MySejahtera将科学技术与创新部视为合作者。MySejahtera, "FAQ MySejahtera App", August 20, 2020, https: //mysejahtera. malaysia. gov. my/FAQ_ en/，登录时间：2020年8月20日。

③ MySejahtera, "FAQ MySejahtera App", August 20, 2020, https: //mysejahtera. malaysia. gov. my/FAQ_ en/，登录时间：2020年8月20日。

④ "MyTrace, a Preventive Counter Measure and Contact Tracing Application for COVID - 19", MOSTI, September1, 2020, https: //www. mosti. gov. my/web/en/mytrace/#1588521061720 - 1739856b-c49b，登录时间：2020年9月1日。

相同的方法，同时也使用蓝牙技术来监测附近人群。随着不同阶段行动管制令的推行，疫情防控常态化，数据收集方面的压力得以缓解，自 2020 年 8 月 3 日起，马来西亚政府强制要求所有企业使用 MySejahtera 应用程序。①

（二）控制人员行动的技术

控制人员行动对于遏制不断增加的感染人数至关重要，这已经在中国和意大利得到了充分的验证。大批人员涌向家乡或不受行动限制的地区，导致本国其他地区暴发疫情。鉴于此种情形，中国在 2020 年 1 月下旬迅速封锁湖北中部，意大利随后在 3 月 8 日实行隔离措施。② 马来西亚的行动管制令于 2020 年 3 月 18 日开始实施，后延长至同年 12 月 31 日。行动管制令将涵盖节假日，包括返乡和探亲假期。考虑到实施这种措施的迫切需要，并为那些由于迅速宣布和延长行动管制令而陷入困境的人提供便利，马来西亚继而引入了控制跨州人员流动的措施。马来西亚通信及多媒体部（MCMC）和马来西亚皇家警察（RMP）推出了 Gerak Malaysia 应用程序，旨在促进州际旅行。该应用程序作为警方控制人员流动的工具之一，要求处于疫情下的国民需获得旅行许可后方可活动。然而，随着行动管制令逐渐开放州际边界，该应用程序的作用降低，截至 2020 年 7 月 31 日，相关应用程序停止运行。③

（三）通信技术

行动管制令让人们缩小活动范围，且更多选择居家隔离。随着标准作

---

① Yusof, Teh Athira, “MySejahtera App Now Mandatory for All Businesses”, *New Straits Times*, September 2, 2020, https://www.nst.com.my/news/nation/2020/08/613619/mysejahtera-app-now-mandatory-all-businesses，登录时间：2020 年 9 月 2 日。

② “Travel Chaos in World Erupts as Italy Quarantines North to Halt Virus”, *The Star*, September 5, 2020, https://www.thestar.com.my/news/regional/2020/03/08/travel-chaos-in-world-erupts-as-italy-quarantines-north-to-halt-virus，登录时间：2020 年 9 月 5 日。

③ Loheswar, “Senior Minister: Gerak Malaysia App No Longer in Use Since Interstate Travel Not Allowed”, *Malay Mail*, August 25, 2020, https://www.malaymail.com/news/malaysia/2020/06/01/senior-minister-gerak-malaysia-app-no-longer-in-use-since-interstate-travel/1871357，登录时间：2020 年 8 月 25 日。

业程序要求的不断变化，很多人带着寻找或接收信息的目的转向网络空间。从传统的电视频道到推特（Twitter）、脸书（Facebook）等社交网站，再到电报（Telegram）等应用程序，每天的新闻更新和沟通渠道都被最大限度地用来传递信息。马来西亚政府的沟通策略则是通过两位官方发言人发布马来西亚抗击新冠肺炎疫情的两个方面的信息，即与健康卫生相关的信息以及与健康卫生无关的信息。[①] 相关会议的内容包括与记者的互动，以及新冠肺炎疫情病例等当日必要数据的更新，随后通过推特、脸书和电报等渠道重申。当地媒体通过报道和在其各自的网站以及优兔（Youtube）等平台上提供信息，促进信息传播。此外，亦通过短信服务向国民发出提醒，提醒内容包括现行行动管制令下标准作业程序的注意事项。[②]

由于信息来源于互联网，发布和传播虚假信息和错误信息案件的数量不断增加，2020 年 5 月 19 日报告此类案件的调查文件多达 268 份。[③] 为应对这一情况，通信及多媒体部成立了一个应对小组，以打击虚假新闻和核实新闻真实性。[④] 国防部的战略通信部门还领导成立了快速反应小组，成员包括来自通信及多媒体部和国家安全委员会的人员。[⑤] 此外，政府将事实核查门户 Sebenarnya. my 用作信息库，用于收集已经过验证或被揭穿真相的文章。

---

① “Good Communication Plan´in Place During Pandemic”, *New Straits Times*, August 30, 2020, https://www.nst.com.my/news/nation/2020/06/601597/good-communication-plan-place-during-pandemic，登录时间：2020 年 8 月 30 日。

② “Malaysia Shares Key Digital Eforts in Combating COVID – 19 With ASEAN, China”, AstroAwani, August 28, 2020, https://www.astroawani.com/berita-malaysia/malaysia-shares-key-digital-efforts-in-combating-covid19 – with-asean-china-246864，登录时间：2020 年 8 月 28 日。

③ Daim, Nuradzimmah, “Covid – 19 Fake News Cases”, *New Straits Times*, August 31, 2020, https://www.nst.com.my/news/nation/2020/05/593879/268-investigation-papers-opened-covid – 19-fake-news-cases，登录时间：2020 年 8 月 31 日。

④ Ministry of Communications and Multimedia Malaysia, “Bernama: 15 April 2020: KKMM Quick Response Team Takes 30 Mins to 3 Hours to Verify Viral News-Suriani”, September 1, 2020, https://www.kkmm.gov.my/index.php/en/privacy-policy/233-kpkk-news/16862-bernama-15-april-2020-kkmm-quick-response-team-takes-30-mins-to-3-hours-to-verify-viral-news-suriani，登录时间：2020 年 9 月 1 日。

⑤ “Communications Ministry Sec-gen Says Doing Utmost to Combat Fake News Amid Covid – 19 Pandemic”, *Malay Mail*, August 30, 2020, https://www.malaymail.com/news/malaysia/2020/04/16/communications-ministry-doing-utmost-to-combat-fake-news-amid-covid – 19-pand/1857162，登录时间：2020 年 8 月 30 日。

三 新冠肺炎疫情下的技术和临床支持

（一）私营部门和家庭用户远程办公

根据马来西亚统计局开展的 2019 年《个人和家庭信息通信使用和访问调查报告》显示，马来西亚互联网普及率为 90. 1% 。① 随着网上商业活动的增加，家庭用户在应对网络事件的准备工作方面存在不足。行动管制令前五个阶段的网络安全事件平均为 1200 起，2020 年 3 月、4 月和 5 月分别为 1091 起、1488 起和 1045 起。② 6 月、7 月和 8 月的数量逐渐减少，分别为 871 起、642 起和 611 起。在网络安全事件类型中，欺诈事件发生率最高，在 4 月达到 1180 起。在 3 月 18 日至 6 月 30 日期间，电子商务平台上的欺诈案件为 2020 起，损失达 1260 万令吉。这些案件的作案手法主要是以消费者需求为中心展开，例如销售假口罩等。③ 其他情况包括滥用个人数据、网上诈骗和软贷款诈骗。④

在行动管制令期间，网络安全事件并不是网络活动带来的唯一风险。由于网络下载速度的降低，网络拥堵情况愈加严重，网民对于带宽的需求快速增加。2020 年 2 月初平均下载速度为 13. 4 兆比特/秒，3 月最后一周

---

① Mahidin, Mohd Uzir, "ICT Use and Access by Individuals and Households Survey Report, Malaysia, 2019", Department of Statistics Malaysia, September 2, 2020, https: //www. dosm. gov. my/v1/index. php? r = column/cthemeByCat&cat = 395&bul_ id = SFRacTRUMEVRUFo1Ulc4Y1JlLzBqUT09&menu_ id = amVoWU54UTl0a21NWmdhMjFMMWcyZz09，登录时间：2020 年 9 月 2 日。

② "Incident Statistics", MyCERT, September 12, 2020, https: //www. mycert. org. my/portal/statistics-content? menu = b75e037d-6ee3 – 4d11 – 8169 – 66677d694932&id = ff59a8c9 – 62af-4799-b14b-eeef3a275b80，登录时间：2020 年 9 月 12 日。

③ "MCO Fraud Losses over RM100m", The Malaysian Reserve, September 10, 2020, https: //themalaysianreserve. com/2020/08/18/mco-fraud-losses-over-rm100m/#: ~ : text = MCO%20fraud%20losses%20over%20RM100m&text = VARIOUS%20fraudulent%20cases%20including%20the, Datuk%20Seri%20Ismail%20Mohamed%20Said，登录时间：2020 年 9 月 10 日。

④ "More Than 90% Jump in Cyber Crime Complaints During MCO-Zahidi", The Edge Markets, September 12, 2020, https: //www. theedgemarkets. com/article/more-90-jump-cyber-crime-complaints-during-mco-%E2%80%94-zahidi，登录时间：2020 年 9 月 12 日。

降至 8.8 兆比特/秒。[①] 还有报告称，互联网的网速慢可能是由于亚太二号海底光缆（APCN2）受损。[②] 随着教育和商业活动转移到线上开展，网络连接问题迫切需要得到解决，因此政府决定在关怀人民刺激经济配套政策中拨款 4 亿令吉用于增加网络覆盖和维护。[③]

（二）政府机构远程办公

私营机构和普通民众并不是唯一顺应数字化发展的群体，政府各部委和机关也通过提供在线服务适应行动管制令带来的变化。然而，政府作为网络的使用者，与政府官员作为网络运营者和监管方的角色不同。不同管辖区运营的热门平台可能会引发人们对国家安全的担忧，因为政府使用的应用程序会把相关资料储存在不同辖区的服务器上。在全球封锁和旅行禁令实行期间脱颖而出的视频会议应用程序 Zoom 就是一个例子。在“Zoom Bombing”事件和公民实验室揭露 Zoom 的自定义加密并不是行业标准的端到端加密事件之后，马来西亚国家网络安全局（NACSA）发布了一份备忘录，以存在安全漏洞为由对该应用程序表示担忧。[④] 为了提高马来西亚政府与国民对网络入侵的防范意识，马来西亚国家网络安全局和马来西亚网络安全机构（Cybersecurity Malaysia）努力通过通告方式加强对政府机构和国民的提醒，同时在马来西亚国家网络安全局网站上汇编漏洞清单以供社

① “Media Statement: Changing Usage Patterns Influence Internet Speed in Malaysia”, MCMC, September 12, 2020, https://www.mcmc.gov.my/en/media/press-releases/media-statement-changing-usage-patterns-influence#:~:text=Media%20Statement%3A%20Changing%20Usage%20Patterns%20Influence%20Internet%20Speed%20In%20Malaysia,-09%20Apr%202020&text=Adherence%20to%20the%20MCO%20by,a%20further%20increase%20of%208.6%25，登录时间：2020 年 9 月 12 日。

② Tariq, Qishin, “Internet Slowdown Caused by Submarine Cable Fault, Says TM”, *The Star*, September 12, 2020, https://www.thestar.com.my/tech/tech-news/2020/04/10/internet-slowdown-caused-by-submarine-cable-fault-says-tm，登录时间：2020 年 9 月 12 日。

③ “Media Statement: The People-centric Economic Stimulus Package (PRIHATIN) No One Will Be Left Behind”, MCMC, September 14, 2020, https://www.mcmc.gov.my/en/media/press-releases/media-statement-the-people-centric-economic-stimul，登录时间：2020 年 9 月 14 日。

④ Dzulkifly, Danial, “Bukit Aman Confirms Receiving Memo About Cyber Threats, Prohibiting Use of Zoom”, *Malay Mail*, September 12, 2020, https://www.malaymail.com/news/malaysia/2020/04/08/bukit-aman-confirms-receiving-memo-about-cyber-threats-prohibiting-use-of-z/1854768，登录时间：2020 年 9 月 12 日。

区和政府机构参考。

（三）新冠肺炎疫情临床诊断的技术支持

地方合作并不是减轻新冠肺炎疫情的唯一办法。马来西亚与微软（Microsoft）和华为（Huawei）等私营部门积极开展合作，试图为医疗卫生行业提供技术解决方案。微软在配备 5G 设备的马来西亚农业博览会公园（MAEPS）检疫中心推出了人工智能、机器学习和数据管理设施。① 同时，华为提供了核心云服务，利用大数据分析和人工智能来协助诊断，可以在一分钟内完成数百张 CT 图像分析并获得诊断结果。② 这项技术在 Sungai Buloh 医院应用，是雪兰莪州治疗新冠肺炎的主要工具。③ 相关技术还将全球的临床研究人员联系起来，如思凯迈控股公司（Skymind）和在中国上海的思凯迈软脑联合实验室，④ 他们的研究可以提供一个预先的人工智能解决方案，利用患者的历史和相关数据进行早期干预。⑤

四　网络风险事故

根据联合国公约以及马来西亚国内法律文件，网络空间可以被定义为一个复杂的环境，它是人、软件和互联网服务之间通过技术设备相互作用的结果，是通过数据通信途径在计算机之间传输电子信息的空间。网络是

① Raman, K.,"Looking beyond COVID－19: The Importance of Public-Private Partnerships", Microsoft, August 20, 2020, https://news.microsoft.com/en-my/2020/08/18/looking-beyond-covid－19-the-importance-of-public-private-partnerships/，登录时间：2020 年 8 月 20 日。

② "Huawei Contributes Its Technologies to Join Malaysia's Fight Against COVID－19", Huawei, September 15, 2020, https://www.huawei.com/my/news/my/2020/huawei-contributes-its-technologies-to-join-malaysia-fight-against-covid－19，登录时间：2020 年 9 月 15 日。

③ Henderson, James, "Huawei Strikes Covid－19 Cloud Pact with Ministry of Health in Malaysia", Huawei, September 15, 2020, https://sg.channelasia.tech/article/674883/huawei-strikes-covid－19-cloud-pact-ministry-health-malaysia/，登录时间：2020 年 9 月 15 日。

④ "Assistive Diagnostic AI Tool to Tackle COVID－19 in Malaysia", Biospectrum Asia, September 15, 2020, https://www.biospectrumasia.com/news/46/15811/assistive-diagnostic-ai-tool-to-tackle-covid－19-in-malaysia.html，登录时间：2020 年 9 月 15 日。

⑤ "AI Tech for Covid－19 Research at Tunku Azizah Hospital", *New Straits Times*, September 15, 2020, https://www.nst.com.my/lifestyle/bots/2020/04/584607/tech-ai-tech-covid－19-research-tunku-azizah-hospital，登录时间：2020 年 9 月 15 日。

一个包含社会、逻辑和物理网络层的领域，这意味着网络风险事故可以影响网络系统以及离线用户。马来西亚应对疫情的做法存在巨大网络风险，特别是关于数据储存和网络安全实践、错误信息和虚假信息问题，以及与影响网络空间安全塑造所需的数字卫生水平相关的数字素养问题。

（一）数据储存和管理

多样的应用程序配合不成文的具体国家准则，使数据储存和管理有不同做法。根据《传染病法》规定，马来西亚卫生部可要求获取相关应用程序的数据。MyTrace 和 MySejahtera 由卫生部管理，然而，不同的平台可能有不同的数据储存方法。一些手机应用程序声明对个人数据的保存有限制。其中，MyTrace 获得的数据总共保留 21 天。作为对数据保留限制的附加安全功能，MyTrace 等应用程序将数据匿名化，对数据进行加密，或者去除任何可能导致识别出个体的资料。Gerak Malaysia 已经宣布，用户若删除该应用程序，用户的移动记录也会一并删除。① 然而不同的做法并不一定能有效地保护用户。

政府对技术和数字应用的依赖也使人们对在疫情期间应用程序的使用以及后疫情时代应用程序的数据管理问题表示关切。虽然《传染病法》是 2020 年《传染病的预防和控制条例》（感染局部区域）的基础，而追踪密切接触者的信息属于《传染病法》管辖范围，但各部委和机构不会立即获得密切接触者的地理位置信息。MySejahtera 等应用程序会把这类信息提供给 7 位政府人员，他们来自 MOH 和 NACSA 领导的全国危机准备及应对中心和疾病控制部门。② 将数据管理的过程公开透明化，可以建立用户对应

① “Aplikasi Mudah Alih Gerak Malaysia Akan Ditamatkan Perkhidmatan Pada 31 Julai 2020”, September 15, 2020, https://www.gerakmalaysia.gov.my/wp-content/uploads/2020/08/KENYATAAN_MEDIA_APLIKASI_GERAK_MALAYSIA_DITAMATKAN_PERKHIDMATAN_20200730.pdf，登录时间：2020 年 9 月 15 日。

② “Aplikasi Mudah Alih Gerak Malaysia Akan Ditamatkan Perkhidmatan Pada 31 Julai 2020”, September 15, 2020, https://www.gerakmalaysia.gov.my/wp-content/uploads/2020/08/KENYATAAN_MEDIA_APLIKASI_GERAK_MALAYSIA_DITAMATKAN_PERKHIDMATAN_20200730.pdf，登录时间：2020 年 9 月 15 日。

用程序的信任度，特别是那些曾被黑客恶意攻击过的应用程序。[①]

2010 年，马来西亚政府颁布的《个人数据保护法》（PDPA）对数据的使用和管理进行了规定，但该法并未将政府部委和机构纳入考虑范围。此外，《个人数据保护法》缺乏执行力，在强制公布数据泄露方面也缺乏约束力。这意味着如果 MySejahtera 或公共部门或私营部门的应用程序受到损害，它们可能并不会迅速公开。2020 年 2 月，一份关于对《个人数据保护法》进行更新的公众咨询文件就该法透明公开地实施和调取数据需征求当事人同意等内容展开了讨论。关于数据方面的政策制定应该更为全面，具备相关的法律补救途径。新冠肺炎疫情预计会持续一段时间，监督将仍是国家使用的一项合法工具。然而，需要坚持传播更多的相关话语，以确保消费者能够充分地认识到网络数据存储和管理存在的风险。

（二）错误信息和虚假信息

如果说新冠肺炎疫情大肆传播能够危及国家的核心安全，那么错误信息和虚假信息对国家尤其有害。由于行动管制令和对公众的约束需脱离常规管理条例，错误信息和虚假信息的传播可能危及针对病毒传播的进程和进展。ISIS Malaysia 的一篇论文指出，新冠肺炎疫情期间出现了各种不同类型的虚假声明，具体包含官方行动的声明、社区传播和公共防范的相关声明。[②] 该文利用政府事实核查门户 Sebenarnya. my 对事实核查校正后进行分类，在网站使用“CORONAVIRUS（COVID－19）”词条进行检索，2020 年 1 月至 6 月 15 日期间共发现 377 条错误信息，其中大约 84% 的条目被证明为虚假信息，而 16% 的条目得到该网站的澄清。论文还发现，WhatsApp 是出现虚假信息最多的应用程序，其次是脸书、新闻媒体和推特。然而，在马来西亚，错误信息和虚假信息范式可能会受到

① Nazari, Tasneem, “More Than 200 Covid－19 Positive Individuals Successfully Identified by MySejahtera App”, *The Rakyat Post*, September 15, 2020, https: //www. therakyatpost. com/2020/06/25/more-than － 200-covid － 19-positive-individuals-successfully-identified-by-mysejahtera-app/, 登录时间：2020 年 9 月 15 日。

② Basyir, Mohamed, “Cybercrime in Penang Shoots up 441. 7 Per cent Since MCO”, September 14, 2020, https: //www. nst. com. my/news/crime-courts/2020/05/594436/cybercrime-penang-shoots-4417-cent-mco, 登录时间：2020 年 9 月 14 日。

“假新闻”分类、新闻实践和数字素养水平的影响。随着《反假新闻法案》的废除，“假新闻”一词已成为一个笼统的短语，用来表示有目的地分享可能有误导公众的有特定意图的信息。那些在法庭上被指控传播错误信息和虚假信息的案件不能泄露，因此，虽然 Sebenarnya. my 会记录超过 300 条错误信息或虚假信息条目，但这些条目的具体细节不会向公众披露。这将对政府在行动管制令期间甄别病毒信息或新闻报道造成影响，因为即使分类，也只能归类为错误信息或虚假信息。行动管制令的迅速实施和对社区群体聚集的担忧可以解释为什么大量官方行动需要及时澄清阐明，特别是考虑到行动管制令不同阶段的标准作业程序和准则不断变化。另外，新闻部门如果不具备强有力的事实核查机制，可能会加剧错误信息和虚假信息的传播。公众在分享信息之前无法核实信息同样是一个重要问题。

（三）社会网络安全

马来西亚行动管制令期间的经验表明，必须解决整个社会的网络安全问题。网络漏洞多种多样，其中包含人为因素。例如，通过网络钓鱼电子邮件或过时的程序可以打开访问计算机系统的通道。在行动管制令期间，关于网络犯罪的投诉飙升至 90% 以上。2020 年 3 月 18 日至 5 月 21 日，槟榔屿州（Penang）由于网上购物引发的网络犯罪增长了四倍多，达到 441.7%。① 3 月 18 日至 4 月 16 日，雪兰莪州发生电信诈骗案件 128 起，贷款诈骗案件 72 起，以及失信案件 136 起。② 例如，在新冠肺炎疫情肆虐的情况下，电子商务平台得到空前的发展，口罩在网上销售火爆，而商家却在消费者付款后消失不见。③ 在槟榔屿州，13 人因涉及电子商务平台诈

---

① Basyir, Mohamed, “Cybercrime in Penang Shoots up 441. 7 Per cent Since MCO”, September 14, 2020, https: //www. nst. com. my/news/crime-courts/2020/05/594436/cybercrime-penang-shoots-4417-cent-mco，登录时间：2020 年 9 月 14 日。

② Kit Yen, Ho, “Selangor Buyers Lost RM1. 9 mil to Cyber Criminals During MCO”, *Free Malaysia Today*, September 14 2020, https: //www. freemalaysiatoday. com/category/nation/2020/04/16/selangor-buyers-lose-rm1 – 9-mil-to-cyber-criminals-during-mco/，登录时间：2020 年 9 月 14 日。

③ Basyir, Mohamed, “Cybercrime in Penang Shoots up 441. 7 Per cent Since MCO”, September 14, 2020, https: //www. nst. com. my/news/crime-courts/2020/05/594436/cybercrime-penang-shoots-4417-cent-mco，登录时间：2020 年 9 月 14 日。

骗案件而被拘留，3 人受到法院指控。

随着马来西亚网络用户规模的持续扩大，网络安全事件发生的可能性增大。这些网络安全漏洞通过不同层面影响国家安全，同时对国家造成多重威胁。马来西亚计算机应急反应小组（MyCERT）记录了马来西亚经历的各种网络安全事件，如入侵、欺诈、阻断服务、网络骚扰以及与内容相关的问题。为了保护国家网络空间，马来西亚于 2008 年推出了《国家网络安全政策》。该文件力求通过立法、监管、公私合作及制度等保护国内的关键基础设施。随着马来西亚网民人数的增加，以及网络威胁的多样化，2018 年马来西亚宣布对该政策进行更新，但新政未能及时出台，从而使得整个国家并未做好在疫情期间迎接数字化的准备。这意味着在疫情期间，州政府和私营部门为了协助应对疫情而推出的大量应用程序所实施的网络安全标准可能会有所不同，亦可能未达到维护国家利益的较高标准。由于马来西亚政府可能在不考虑整个供应链安全风险的情况下优先开发应用程序，开放中存在的薄弱部分可能会给用户留下安全漏洞。由于《国家网络安全政策》旨在解决关键部门的问题，数字素养等领域正处于起步阶段。马来西亚的网络安全设备托管机构包括 Cyber999 协调中心、马来西亚计算机应急反应小组（MyCERT）、MyCyberSecurity Clinic 和 CyberSAFE 等。Cyber999 是互联网用户报告计算机安全事故的机构。马来西亚计算机应急反应小组运营着马来西亚网络安全威胁研究中心，该中心主要负责分析恶意软件和计算机安全威胁。MyCyberSecurity Clinic 提供数据恢复和数据净化等服务，而 CyberSAFE 则开展关于数字意识的项目，然而这在数字素养提升方面的效果并不显著。

马来西亚在疫情防范中使用相关技术被视为缓解疫情扩散的必要措施。然而，国内对技术利用的持续增加，必然会扩大数字领域的访问量，数据收集与传输量也将增加。在其他方面，网络的多维属性将会带来一定的经济和社会影响。当政府成为网络用户时，涉及国家利益的相关问题愈加突出。数字化的在线和离线风险都与技术的应用相关。因此，马来西亚需要总结失败经验，同时对存在担忧和取得成功的各方面进行全面评估，以解决未来民众和机构对网络的担忧。

Offline and Online Perils of Digital Platforms

Farlina Md Said

Abstract With the outbreak of COVID – 19, the Malaysian government gradually implement the movement control order (MCO), cyberspace and technology become the crucial platform and appliance for Malaysia to battle with COVID – 19. In the context of COVID – 19, offline and online perils induced from digital platforms become the key issues. This paper highlights some of these techniques that were applied during the pandemic period, including Technology to monitor and identify targeted groups, Technology to control movement, and Technology for communication. Then, it analyzes the technology and clinical assistance for the diagnosis of COVID – 19. The online and offline perils of digitization would be related to the usage of technology. Thus, Malaysia would require overall assessments of cyberspace to address future concerns of cyber.

Key Words Offline and Online Perils; Movement Control Order; COVID – 19; Cyber Security

Author Farlina Md Said, Institute of Strategic and International Studies (ISIS) Malaysia, Analyst.

消除数字鸿沟的策略*

[菲律宾] 弗朗西斯·马克·A. 昆巴（著）　韦宝毅（译）**

【摘要】本文探讨了亚洲数字鸿沟的迹象。讨论的战略包括信息通信技术和数字平台的数据收集、增加性别参与、加快基础设施建设、提高和升级技能、对数字平台征税以及提高信任。可以使用多种策略来解决这些问题。例如，亚洲经济体可以持续监测和制定与所有类型的准入有关的指标。各经济体还可以解决影响女性使用电脑、移动电话、互联网和最终数字平台的因素，并加快关键的信息和通信技术基础设施的可用性。此外，数字技能很重要，因此加强这一技能是必要的，以便让人们最大限度地利用数字经济。同时可以探索政策，将受益于平台的人的利益重新分配给被排除在外的人。为数字平台的使用构建认识、兴趣和信任是电子商务成功的基础，也应该加以探索。虽然其他国家（地区）的经验确实可以作为政策的出发点，但进行协商和彻底的政策分析仍然是重要的。

【关键词】数字鸿沟　平台经济　战略　亚洲

【作者简介】弗朗西斯·马克·A. 昆巴（Francis Mark A. Quimba），菲律宾发展研究所，高级研究员。

背　景

数字平台经济的增长前所未有，涉及人口超过52亿，创造了约占全

* 本文主要引自：Francis Mark Quimba, Maureen Ane Rosellon, and Sylwyn Jr. Calizo, *Digital Divide and the Platform Economy: Looking for the Connection from the Asian Experience*, 待出版。

** 韦宝毅，广西大学国际学院《中国—东盟研究》编辑部，责任编辑。

球国内生产总值4.7%的经济价值。然而，大部分人口无法自经济平台受益，部分是因为数字鸿沟——不同社会经济水平的个人、家庭、企业和地理区域之间的差异造成他们通过使用信息通信技术和互联网参与各种各样活动的机会存在差别。[①] 数字平台鸿沟是数字鸿沟一种狭义上的体现。

70个价值较高的数字平台大多位于美国，其次是亚洲，其中中国的数字平台规模尤为突出。与此同时，拉丁美洲和非洲的平台相对较弱。尽管亚洲在数字经济的规模上仅次于美国，但亚洲经济体已经注意到，利益可能不会在国家间和国家内部均匀分配。

例如，2017年发布的亚太经合组织（APEC）互联网和数字经济路线图认为，亚太经合组织经济体有必要“弥合各经济体、地区和群体之间和内部的数字鸿沟”。此外，亚太经合组织各经济体同意采取措施“弥合数字性别鸿沟”，并确保数字战略纳入性别视角，以解决女性的需求。[②]

本文就解决数字鸿沟及其对数字平台使用的影响提供了政策建议。这些建议建立在早先的一项研究的基础上，该研究分析了亚洲各经济体中不同的数字鸿沟模式。这些差异会影响人们参与平台经济的方式，因此可能需要政策干预来解决这些问题。政策建议主要围绕数字鸿沟和平台使用或访问关系框架中的各种接入问题展开。

一　数字鸿沟的若干模式

昆巴（Quimba）、罗塞隆（Rosellon）和卡利索（Calizo）[③] 调查了亚洲的数字技术和数字平台发现了以下问题：访问互联网和平台经济的动机障碍之一是不了解它是什么。2014—2015年，泰国（13%）、印尼（11%）和印

① Organisation for Economic Co-operation and Development（OECD），“Understanding the Digital Divide”，2001，http：//www.oecd.org/internet/ieconomy/1888451.pdf，登录时间：2020年7月3日。

② APEC，“APEC Internet and Digital Economy Roadmap”，October 2，2017，http：//mddb.apec.org/Documents/2017/SOM/CSOM/17_ csom_ 006.pdf，登录时间：2020年7月3日。

③ Quimba，Rosellon and Calizo，“Digital Divide and the Platform Economy：Looking for the Connection from the Asian Experience”，Discussion Papers，Philippine Institute for Development Studies，2020.

度（5%）的受访者对互联网的了解程度较低。① 感知和信任也是用户参与和使用平台经济的重要因素。例如，电子商务的使用与低腐败发生率之间存在正相关关系，表明网络环境与监管环境密切相关。②

其他因素，如文化和年龄，也可能影响参与平台经济的动机（例如，在大约 2/3 的经济体的互联网用户中，男性比例高于女性）。在亚洲，印度和中国的男性更容易接触到信息通信技术，而越南男性个人使用互联网的比例更高。③ 在亚洲一些经济体中，女性上网较少，导致她们使用数字平台的机会减少。④ 一些经济体的数据还显示，男性的信息通信技术访问通常比女性更多（图 1）。⑤ 研究发现，印度和中国的互联网用户大多为男性。就斯里兰卡而言，不仅男性获得信息通信技术的机会较多，而且女性的计算机和数字素养也低于男性。在越南，男性（82%）个人使用互联网的比例与女性（73%）之间也存在很大差异。

只有菲律宾的数据显示女性使用互联网的情况更好。这种访问上的性别差异表现为平台使用上的区别。在日本和韩国，男性使用在线购物和叫车应用也更普遍。

研究发现一些社会文化因素影响女性参与数字经济。⑥⑦ 同时缺乏使用互联网的兴趣和知识，以及缺乏对女性有用的内容，也影响了她们使用互联网。例如，在孟加拉国、柬埔寨、印度、缅甸和巴基斯坦，互联网服务

---

① Pat Wu, Molly Jackman, David Abecassis, Richard Morgan, Hannah de Villiers and Declan Clancy, "State of Connectivity 2015: A Report on Global Internet Access", Facebook, 2016, https://about.fb.com/wp-content/uploads/2016/02/state-of-connectivity-2015-2016-02-21-final-1.pdf，登录时间：2020 年 7 月 3 日。

② Quimba, Rosellon and Calizo, "Digital Divide and the Platform Economy: Looking for the Connection from the Asian Experience".

③ Quimba, Rosellon and Calizo, "Digital Divide and the Platform Economy: Looking for the Connection from the Asian Experience".

④ 这些经济体是中国、印度、菲律宾、斯里兰卡、中国台湾和越南。

⑤ 这些经济体是中国、印度、菲律宾、斯里兰卡、中国台湾和越南。

⑥ Araba Sey, Juhee Kang, and Don Rodney Junio, "Taking Stock: Data and Evidence on Gender Equality in Digital Access, Skills and Leadership", United Nations University Institute on Computing and Society, 2018, https://collections.unu.edu/eserv/UNU:6645/Taking_Stock_Report_18-00543.pdf，登录时间：2020 年 7 月 3 日。

⑦ Alison Gillwald, Helani Galpaya, and Aileen Aguero, "Towards Understanding the Digital Gender Gap in the Global South", United Nations University and EQUALS, 2019, https://www.itu.int/en/action/gender-equality/Documents/EQUALS%20Research%20Report%202019.pdf，登录时间：2020 年 7 月 3 日。

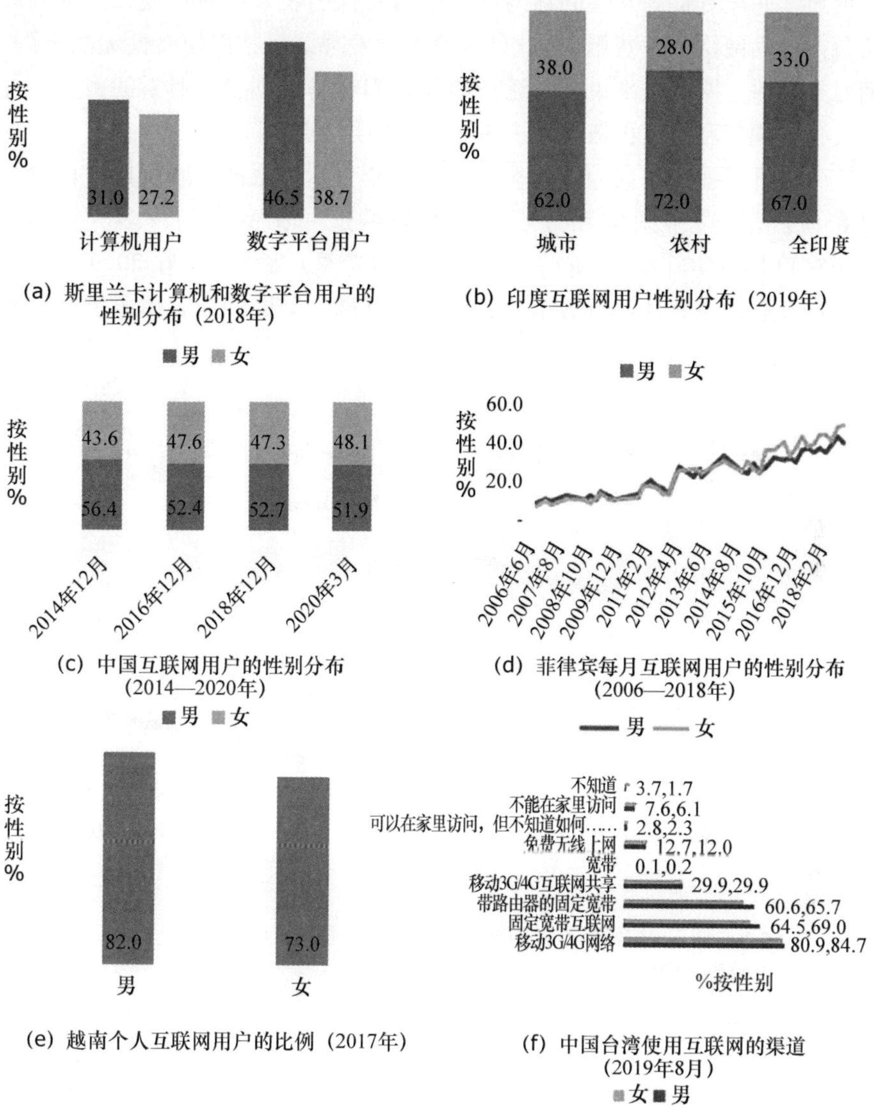

图1　部分亚洲经济体按性别分列的信息和通信技术应用指标①

① Alison Gillwald, Helani Galpaya, and Aileen Aguero, "Towards Understanding the Digital Gender Gap in the Global South", United Nations University and EQUALS, 2019, https://www.itu.int/en/action/gender-equality/Documents/EQUALS%20Research%20Report%202019.pdf，登录时间：2020 年 7 月 3 日。

的低成本并没有提高女性的参与度，因为女性的收入明显较低，使她们无法负担移动网络服务费用。① 此外，研究还发现缺乏技能使女性无法上网，而对于那些上网的人来说，缺乏技能使她们容易受到隐私泄露的威胁。社会文化的规范和态度也极大地影响了女性使用互联网。

一项针对发达国家的调查显示，2019 年发达国家的互联网用户比例超过 85%。② 发展中国家和最不发达国家的这一比例要低得多，分别为 53.6% 和 16.1% [图 2（a）]。从国家群体来看，亚太地区在 2019 年前三个月的互联网用户比例倒数第二，而同期欧洲、美国和独联体国家的互联网用户比例最高 [图 2（b）]。③

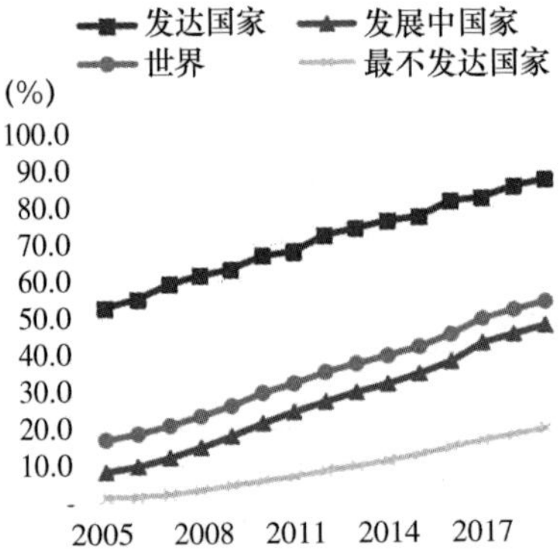

(a) 互联网用户的比例（按发展程度分）（2005—2019年）

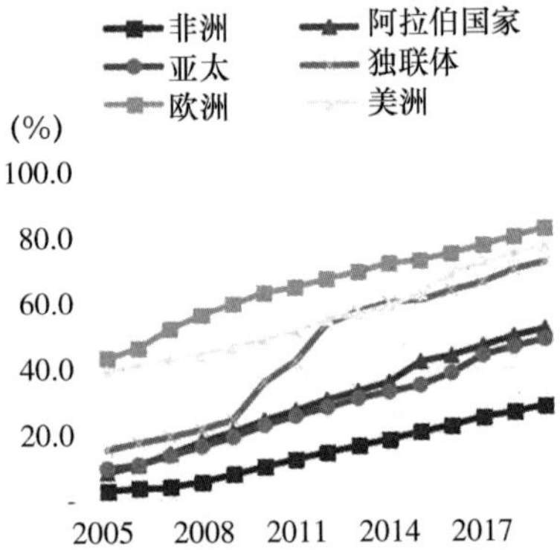

(b) 互联网用户的比例（按国家群体分）（2005—2019年）

图 2　按发展程度和国家群体分的互联网用户的比例④

注：2019 年数值为估计值

---

① Alison Gillwald, Helani Galpaya, and Aileen Aguero, "Towards Understanding the Digital Gender Gap in the Global South", United Nations University and EQUALS, 2019, https://www.itu.int/en/action/gender-equality/Documents/EQUALS%20Research%20Report%202019.pdf，登录时间：2020 年 7 月 3 日。

② Quimba, Rosellon and Calizo, "Digital Divide and the Platform Economy: Looking for the Connection from the Asian Experience".

③ 独联体是 1991 年苏维埃社会主义共和国联盟解体后成立的。独联体包括 12 个国家：亚美尼亚、阿塞拜疆、白俄罗斯、格鲁吉亚、哈萨克斯坦、吉尔吉斯斯坦、摩尔多瓦、俄罗斯、塔吉克斯坦、土库曼斯坦、乌克兰和乌兹别克斯坦。

④ Quimba, Rosellon and Calizo, "Digital Divide and the Platform Economy: Looking for the Connection from the Asian Experience".

由于接入互联网和参与数字经济往往需要使用移动电话，因此研究移动电话使用的指标也很重要。发达国家的移动电话用户比例大大超过了发展中国家和最不发达国家［图3（a）］。从地区来看，独联体自2009年以来拥有最多的手机用户，因此超过了欧洲［图3（b）］。此外，亚太地区自2005年以来一直在稳步增长，缩小了与欧洲和美洲的差距。这与亚洲在数字经济中的发展趋势是一致的。①

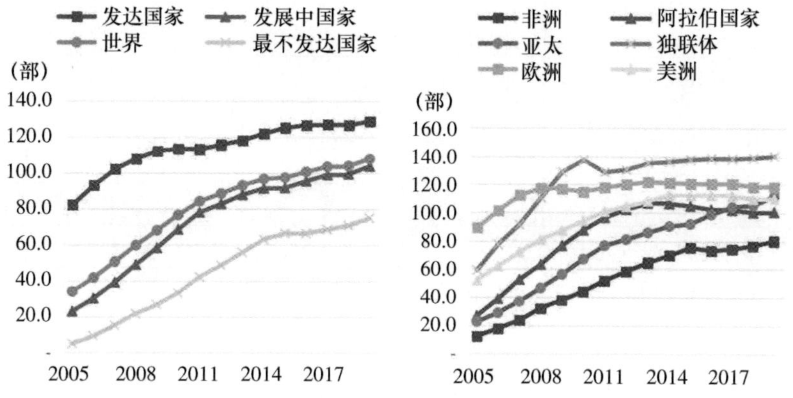

（a）每100人移动电话使用量（按发展程度分）（2005—2019年）

（b）每100人移动电话使用量（按国家群体分）（2005—2019年）

图3　按发展程度和国家群体分每百人移动电话使用量②

注：2019年数值为估计值

在收入较高的国家，拥有数字技能的人口比例往往更高。这适用于所有地区分类（表1）。随着数字经济和平台经济的好处更多地惠及那些拥有足够数字技能人口的国家，属于低收入和中低收入群体的国家将因缺乏基本的计算机、编码和数字技能而进一步落后。

① Google，Temasek，and Bain，“E-Conomy SEA 2019”，2019，https：//www. temasek. com. sg/en/news-and-views/subscribe/google-temasek-e-conomy-sea-2019，登录时间：2020年7月3日。

② Quimba，Rosellon and Calizo，“Digital Divide and the Platform Economy：Looking for the Connection from the Asian Experience”.

表 1　　各地区及收入组别数字技能（2017 年、2019 年）①

地区及收入组别	2017	2019
东亚及太平洋地区	4.7	4.6
高收入	5.1	5.0
高中等收入	4.8	4.8
低中等收入	4.1	4.1
欧洲和中亚	4.7	4.6
高收入	4.9	4.9
高中等收入	4.3	4.3
低中等收入	4.4	4.3
低收入	—	4.4
南亚	3.8	4.0
高中等收入	3.9	4.2
低中等收入	3.9	4.0
低收入	3.7	3.7

注：人口具备足够数码技能（例如电脑技能、基本编码及数码阅读）的程度；1 = 不是全部；7 = 在很大程度上。

二　解决数字鸿沟的策略

（一）亚洲经济体有必要持续监测和制定与各类接入有关的指标

要理解如何让数字平台发挥作用，就需要理解如何让人们参与到这些平台中，这要求解决各种接入障碍。范·迪克（Van Dijk）② 和昆巴、罗塞隆和卡利索③提出了一个模型来识别不同类型的接入以及它们之间的关系：

① Quimba, Rosellon and Calizo, "Digital Divide and the Platform Economy: Looking for the Connection from the Asian Experience".

② Jan Van Dijk, "Digital Divide Research, Achievements and Shortcomings", *Poetics*, 2006, https://www.sciencedirect.com/science/article/pii/S0304422X06000167，登录时间：2020 年 5 月 19 日。

③ Quimba, Rosellon, and Calizo, "Digital Divide and the Platform Economy: Looking for the Connection from the Asian Experience".

动机性接触或人们的社会、心理和文化背景；有多少人可以随意使用电脑或上网；技能接入或数字技能和能力使用；以及技术在日常生活中的使用、接入和应用。

物质获取建立在动机接入的基础上，而技能接入建立在物质接入的基础上。动机接入是基础，因为参与平台经济所需的技能是有条件的学习动机和物理访问的基础技术，及个人可以实践和应用技能。只有当一个人获得了必要的技能，他/她才能参与平台经济或获得使用权限（图4）。

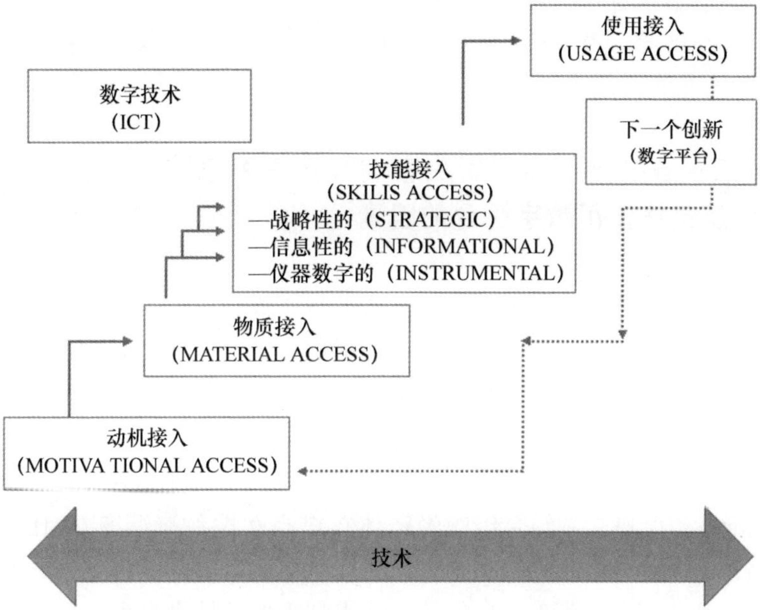

图4　各种数字技术接入的累积递归模型①

范·迪克的模型表明,② 当技术采用的整个过程完成后，就会出现新的创新，并会重复这个过程。使用接入使人们最大限度地使用技术，这可

① Quimba, Rosellon and Calizo, "Digital Divide and the Platform Economy: Looking for the Connection from the Asian Experience".

② Jan Van Dijk, "Digital Divide Research, Achievements and Shortcomings", *Poetics*, 2006, https://www.sciencedirect.com/science/article/pii/S0304422X06000167，登录时间：2020年5月19日。

能促进创新的开发和使用。在发现和使用更复杂的应用程序和创新时，使用机会变得更加丰富，其中包括数字平台经济。

虽然关于互联网和移动电话使用的数据很容易获得，但其他方面使用的数据最近才监测，而且是零星的。一些国家（地区）并没有现成的人口数字技能指标。此外，关于家庭从数字平台（使用接入）获得多少收入的信息也非常有限。

各国有必要开始讨论统一和相似的指标，这些指标在各国（地区）之间可比较，并适用于各种亚群体。首先应定期进行信息通信技术调查，收集关于动机、材料和技能获取的信息。其次重点对现有的国家（地区）政府调查进行调整，纳入数字平台收入问题（包括零工、电子商务、住宿平台等）。

（二）各经济体需要解决影响女性使用电脑、移动电话、互联网以及最终使用数字平台的因素

各经济体需要改变影响女性获得技术和能够利用技术的方式的态度和看法。各经济体可以采取的一项战略是制订与日本倡导类似的年度个人行动计划，日本已在亚太经合组织中领导了关于制订行动计划以增加女性在公共和私营领导职位上的代表性的讨论。

亚太经合组织启动了“女性与经济指标表”（the Women and Economy Dashboard），反映亚太经合组织经济体在提高女性参与经济方面的表现。各经济体必须持续和定期监测与更新这些指标，以清楚了解在这方面取得的成就。亚太经合组织的一些经济体认识到需要按性别分列的数据来推动政策制定和政策分析。

各经济体需进行必要的结构性改革，以帮助消除阻碍女性充分参与实体经济和数字经济的障碍。立法的例子包括保护女性免受怀孕歧视，取消对职业、薪酬平等和灵活工作安排的全面限制。亚太经合组织经济体的改革取得了显著成就。科恩（Cohen）和鲁宾（Rubin）提供了若干案例：①

① Elin Cohen and Caroline Rubin，“Structural Reform Measures to Improve Women's Access to Labor Market，Finance and Capital”，APEC Policy Support Unit，2019，https：//www.apec.org/Publications/2019/10/Structural-Reform-Measures-to-Improve-Womens-Access-to-Labor-Markets-Finance-and-Capital，登录时间：2020年9月12日。

- 2017 年秘鲁通过了《同工同酬法》，加强对女性的工资保护；
- 菲律宾和文莱取消对女性夜间工作的限制；
- 中国台湾的“职业安全与健康法”要求企业联系职业健康专家，就保护措施和调整工作范围提供建议，以允许孕妇和新妈妈加入劳动力市场；
- 若干亚太经合组织经济体附属登记处的现代化保证了信息能够被金融机构轻易获取，从而降低了金融机构的风险，这增加了它们的放贷意愿；
- 中国、印尼已经开始使用公用事业公司的付款记录，这可以使资产和信贷经验有限的女性受益，因为这可以使女性建立信贷历史；
- 在印尼进行了关于使用动产作为抵押品使女性获得贷款的探索工作。

政府需要专门针对处于金字塔底层的女性，提供机会让她们管理自己的金钱、获得资产和拥有储蓄，因为这将让女性更自由地参与数字经济。令人惊奇的是，仍有一些亚太经合组织经济体中的女儿和妻子在继承财产方面不享有与儿子和丈夫相同的权利。①

（三）有必要加快提升关键信息通信技术基础设施的可用性

发展中国家和最不发达国家在材料获取方面落后，这肯定会导致在使用新的应用方面落后发达国家。为了更好地利用互联网和移动电话技术，各经济体可以探索利用共享基础设施，以加快关键基础设施的可用性，以增加数字获取。斯特鲁萨尼（Strusani）和洪波依（Houngbonon）展示了数字电信领域共享基础设施的潜力。② 他们发现“宽带网络的大部分组成部分提供了共享的机会”。他们的研究提供了一些

① Elin Cohen and Caroline Rubin, “Structural Reform Measures to Improve Women's Access to Labor Market, Finance and Capital”, APEC Policy Support Unit, 2019, https://www.apec.org/Publications/2019/10/Structural-Reform-Measures-to-Improve-Womens-Access-to-Labor-Markets-Finance-and-Capital，登录时间：2020 年 9 月 12 日。

② Davide Strusani and Georges Houngbonon, “Accelerating Digital Connectivity Through Infrastructure Sharing”, International Finance Corporation, Feb. 2020, https://www.ifc.org/wps/wcm/connect/2d3c4eff-12a8-4b0b-b55d-9113a950ed33/EMCompass-Note-79-Digital-Infrastructure-Sharing.pdf? MOD = AJPERES&CVID = n2dwWtn，登录时间：2020 年 9 月 12 日。

可以实现分享的案例：

- 最终用户与城市一级网络节点的连接需要通过管道或电杆部署光纤电缆，这可以与水管道和电力电缆共享；
- 移动宽频互联网接入、建造发射塔以安装天线、使用无线电波将终端用户连接到天线等服务可由移动运营商共享；
- 光缆的部署可以与道路、铁路、输电网、污水处理、管道等基础设施工程同时规划。

菲律宾于 2020 年 5 月发布的“共享无源通信塔基础设施政策”（Policy on Shared Passive Telecommunications Tower Infrastructure）就是此类共享基础设施的一个例子。该政策旨在鼓励独立铁塔公司（Independent Tower Companies）的发展，这将扩大铁塔供应商的基础，特别是在未得到服务和服务不足的地区。根据该政策，所有在政策发布后新建或翻新的通信塔应提供充足的插槽，供所有电信公司和信息通信技术部（the Department of Information and Communications Technology，DICT）共同放置各自的天线、接收器、发射器、射频模块和其他无线电通信设备。①

（四）数字技能对于人们最大限度地利用数字经济非常重要

数字技能对于人们最大限度地利用数字经济非常重要。图 5 显示，拥有数字技术技能与高级数据分析的使用呈正相关关系。数字和技术技能的可用性与公司的数字准备程度也呈正相关。如果没有数字和技术技能，国家往往会将信息和通信技术用于较低的生产目的。

亚洲一些旨在提高数字技能的著名政策包括：

• 数据分析增加就业项目旨在在该地区发展一个数据科学和分析能力强的劳动力队伍。在中国香港，香港科技大学已应用亚太经合组织数据科学与分析能力（APEC Data Science and Analytics Competence），开设了一门提供完整的数据科学与技术本科学位的课程；②

① Department of Information and Communications Technology（DICT），“DICT Rreleases Guidelines on Common Tower Policy”，2020，https：//dict. gov. ph/dict-releases-guidelines-for-the-common-tower-policy/，登录时间：2020 年 9 月 12 日。

② 有关亚太经合组织数据科学和分析能力的更多信息，请登录：https：//apru. org/apru-partners-to-close-the-digital-skills-gap-at-apec/。

• 菲律宾分析协会（Analytics Association of Philippines）正在试点一

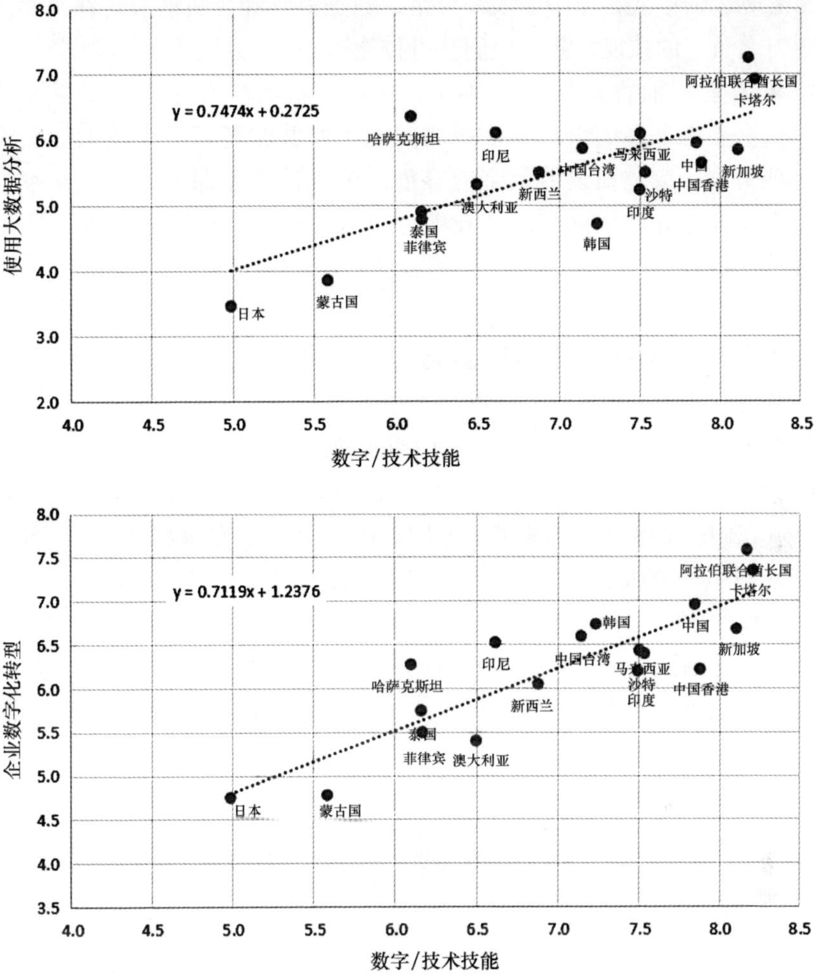

图 5　部分亚洲经济体的数字和技术技能及先进技术使用情况（2019 年）①

注：使用大数据分析是对高管意见调查的受访者进行评估，以判断公司是否非常擅长使用大数据和分析来支持决策。他们的得分从 1 分（最低）到 10 分（最高）。公司数字化转型是基于高管意见调查的受访者对公司数字化转型是否普遍良好实施的评估。受访者得分从 1 分（最低）到 10 分（最高）。经济标签放在数据点以下，但有些经济标签（斜体）放在数据点以上，以提高图表的可读性。

① Quimba，Rosellon and Calizo，"Digital Divide and the Platform Economy：Looking for the Connection from the Asian Experience".

项雄心勃勃的模式，应用亚太经合组织数据科学和分析能力，在三年内提升 3 万名员工的技能，并让他们获得技能；

• 技能创前程计划（Skills Future）为新加坡人提供半工半读的机会，以提高感兴趣的学员和公司之间的工作匹配度。南洋理工学院将推出一项为电子商务而设的数字内容创造的工读文凭课程，旨在让参加者具备电子商务和数字内容创作技能，以支援机构和企业通过数码渠道创作和传送内容。

（五）探索数字平台收益再分配政策

根据 Airbnb①、Tom Slee② 的内部数据以及可在全球航空数据管理（GADM）在线获得的非官方地图③，昆巴、罗塞隆和卡利索④通过研究 Airbnb 在四个地区［中国香港、韩国首尔（图 6）、新加坡（图 7）和斯里兰卡（图 8）］的信息发布发现，这四个地区的帖子往往更集中在首尔市及新加坡的中心区和繁华地区（以暗色区域为代表）。斯里兰卡的情况也是如此。外围区域虽然有一些 Airbnb 的帖子，但不像中心区域那么多。

在其他欧洲国家，如保加利亚⑤、瑞士⑥和西班牙⑦，Airbnb 的房型在

① Airbnb 是一个网站，维护着 25 个国家（地区）公开的 Airbnb 挂牌信息。更多关于 Airbnb 内部的信息，请登录：http：//insideairbnb. com/。

② Tom Slee 收集了世界各城市的 Airbnb 房源，通过它的博客提供开放的数据，请登录：https：//tomslee. net/category/airbnb-data。

③ GADM 是由加州大学戴维斯分校空间科学中心主办的一个项目，提供所有国家各级行政区的形状文件。

④ Quimba，Rosellon and Calizo，“Digital Divide and the Platform Economy：Looking for the Connection from the Asian Experience”.

⑤ Maartie Roelofsen，“Exploring the Socio-spatial Inequalities of Airbnb in Sofia，Bulgaria”，*Erdkunde*，2018，https：//www. erdkunde. uni-bonn. de/archive/2018/exploring-the-socio-spatial-inequalities-of-airbnb-in-sofia-bulgaria，登录时间：2020 年 7 月 3 日。

⑥ Blaise Larpin，Julien Mabillard，Miriam Scaglione，Pascal Favre，and Roland Schegg，“An analysis of Regional Developments of Airbnb in Switzerland：Insights into Growth Patterns of a P2P Platform”，Information and Communication Technologies in Tourism，Cham：Springer，2019.

⑦ Czeslaw Adamiak，Barbara Szyda，Anna Dubownik，and David Garcia-Alvarez，“Airbnb Offer in Spain：Spatial Analysis of the Pattern and Determinants of its Distribution”，*International Journal of Geo-Information*，2019，https：//www. mdpi. com/2220 – 9964/8/3/155，登录时间：2020 年 7 月 3 日。

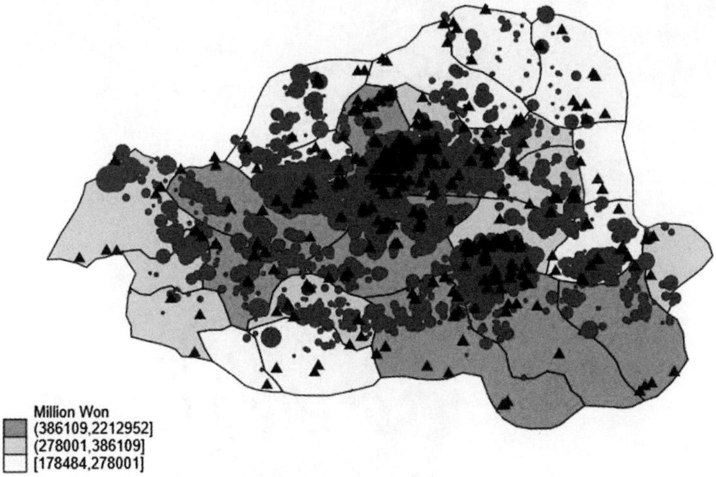

图 6　韩国首尔市 Airbnb 单位（截至 2017 年 7 月 17 日）①

注：Airbnb 单位用圆点表示，而感兴趣的点用黑色三角形标记。阴影部分基于 2012 年的城市税收。

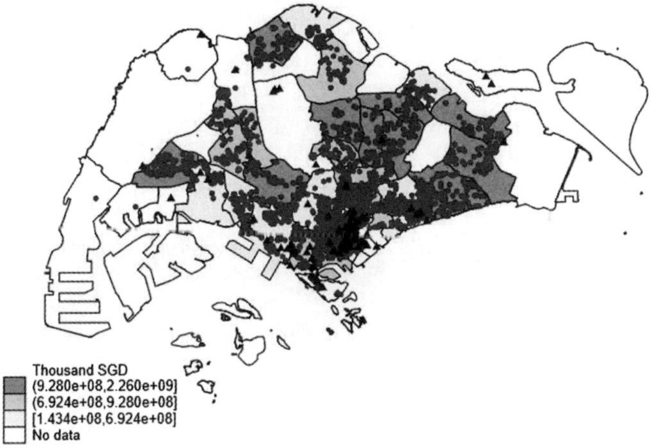

图 7　新加坡 Airbnb 单位（截至 2020 年 2 月 27 日）②

注：Airbnb 单位用圆点表示，而感兴趣的点用黑色三角形标记。阴影区域基于 2015 年家庭总收入。

---

① Quimba, Rosellon and Calizo, "Digital Divide and the Platform Economy: Looking for the Connection from the Asian Experience".

② Quimba, Rosellon and Calizo, "Digital Divide and the Platform Economy: Looking for the Connection from the Asian Experience".

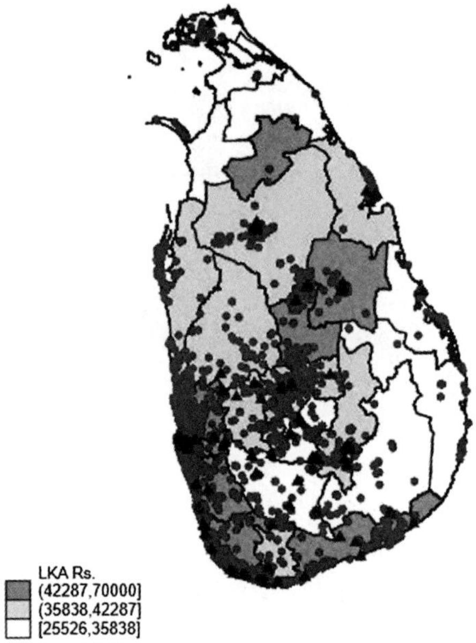

图 8　斯里兰卡的 Airbnb 单位（截至 2017 年 7 月 19 日）①

注：Airbnb 单位用圆点表示，而感兴趣的点用黑色三角形标记。阴影区域是根据 2016 年家庭收入中位数计算的。

高度商业化的地区和重要地区附近激增。此外，研究表明，Airbnb 的参与模式（以 Airbnb 房源的分布为代表）与旅游需求和住宿容量的分布密切相关。②③④ 这同样对不平等状况造成影响，特别是在农村和城市地区之间，

① Quimba, Rosellon and Calizo, "Digital Divide and the Platform Economy: Looking for the Connection from the Asian Experience".

② Czeslaw Adamiak, Barbara Szyda, Anna Dubownik, and David Garcia-Alvarez, "Airbnb Offer in Spain: Spatial Analysis of the Pattern and Determinants of its Distribution", *International Journal of Geo-Information*, 2019, https://www.mdpi.com/2220-9964/8/3/155, 登录时间：2020 年 7 月 3 日。

③ Antoni Domenech, Blaise Larpin, Roland Schegg, and Miriam Scaglione, "Disentangling the Geographic Logic of Airbnb in Switzerland", *Erkunde*, 2019, https://www.erdkunde.uni-bonn.de/archive/2019/disentangling-the-geographical-logic-of-airbnb-in-switzerland, 登录时间：2020 年 7 月 3 日。

④ Abbas Strommen-Bakhtiar and Eygueni Vinogradov, "The Adoption and Development of Airbnb Services in Norway: A Regional Perspective", *International Journal of Innovation in the Digital Economy*, 2019, https://www.igi-global.com/gateway/article/223434#pnlRecommendationForm, 登录时间：2020 年 7 月 3 日。

或商业旅游区与周边地区之间。使用该平台可能会加剧这些地区之间收入分配和发展的高度不平等，从而造成明显的发展差距。

值得注意的是，这些高度商业化的地区和旅游区往往比该国的其他地区更富裕。这些地区的地方政府收入相应也会更高，因为有更多的机构来满足游客的需求。这些地区的基础设施和政府服务（包括移动连接）也有望改善。虽然这对那些数字技术使用率高的地区来说可能是好消息，但这可能会让外围地区落后，加大业已明显的物理鸿沟。

因此，国家政府可能需要探索和研究某些领域的再分配政策，这些政策往往会从数字技术的进步中获得更多好处。这一举措旨在弥合这些地区与外围地区之间的差距。外围地区可以利用国家政府的资金转移来提高其服务，最终吸引游客，并从住宿平台中受益。

（六）建立对数字平台使用的认识、兴趣和信任是电子商务成功的基础

昆巴、罗塞隆和卡利索确定了一些与意识、兴趣和信任相关的问题。[①] 他们发现，数字平台存在各种各样的动机障碍。例如，在某些情况下，数字平台被间接使用。根据国际消费者团结与信任协会（the Consumer Unity & Trust Society International）[②] 关于印度数字支付（图 9）的研究发现，48% 的受访者知道数字支付可以用于转账给别人，37% 的受访者意识到它可以用来支付公共事业服务和税款，39% 的受访者意识到它可用于购买商品和服务。然而，在那些知道使用数字支付渠道的人（54% 的受访者）中，只有 25% 的人真正使用了它，而 13% 的人实际上是通过他人的帮助（即代理用户）使用数字支付。这反映了消费者自身使用数字支付服务的能力和信任有限，说明数字平台也面临着动机访问障碍。

---

① Quimba, Rosellon and Calizo, "Digital Divide and the Platform Economy: Looking for the Connection from the Asian Experience".

② Consumer Unity & Trust Society (CUTS) International, "Users' Perspectives on Digital Payments", 2018, https://cuts-ccier.org/pdf/Presentation_for_RBI_Committee_on_Deepening_Digital_Payments.pdf, 2020 年 7 月 3 日。

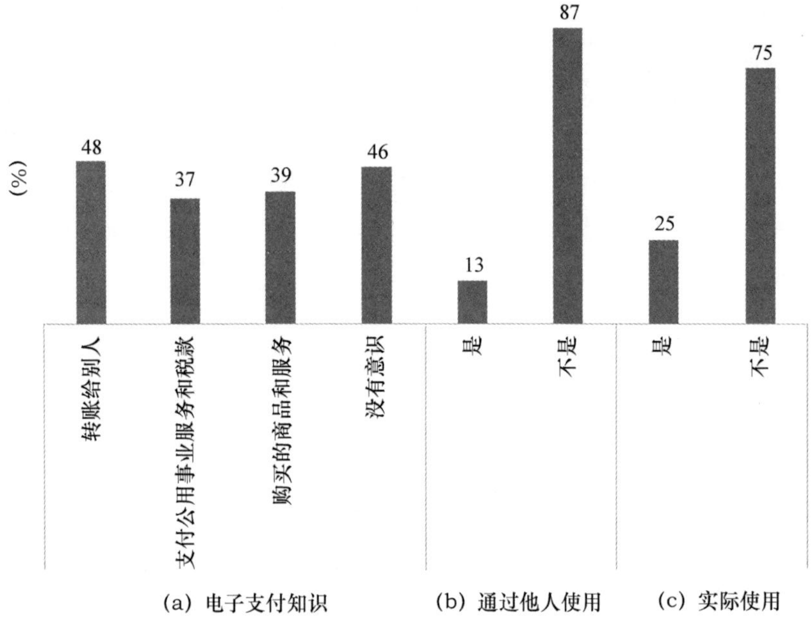

图 9　印度数字支付指标（2018 年）①

此外，伊兰托（Llanto）、罗塞隆（Rosellon）和奥尔蒂斯（Ortiz）②还分析了菲律宾的 Konek2Card③ 案例。研究发现，客户反映交易过程变得更容易、更快和更方便。他们指出，会员现在可以在一天中的任何时间进行交易，这是非常重要的，因为他们中的大多数人工作时间要么在工作，要么在家办事。从表面上看，年轻的客户更倾向于使用应用程序，而年长的客户则让他们的孙辈或年轻的亲戚（即代理用户）来操作移动应用程

① Quimba，Rosellon and Calizo，"Digital Divide and the Platform Economy：Looking for the Connection from the Asian Experience".

② Gilberto Llanto，Maureen Ane Rosellon，and Ma. Kristina Ortiz，"E-finance in the Philippines：Status and Prospects for Digital Financial Inclusion"，Philippines：Philippine Institute for Development Studies，2018，https：//www. pids. gov. ph/publications/6722，登录时间：2020 年 7 月 3 日。

③ Konek2CARD 或者 k2c 是 CARD 银行推出的手机银行应用程序，CARD 银行是菲律宾一家以小额信贷为导向的农村银行。k2c 应用程序安装在智能手机上，针对银行卡会员（客户和代理），提供以下服务：（1）取现（存款/储蓄）；（2）现金不足服务（退出/贷款）；（3）可能由代理商/客户协助的现金支付；（4）平衡调查；（5）资金转帐（行内部账户）；（6）交易历史；（7）客户服务。

序。这意味着，在如何使用手机和在数字平台上进行交易之间，仍然存在技能差距。

亚太经合组织经济体的经验可以为如何建立对互联网的认识和信任指明方向，包括保护消费者、积极推动数字支付，以及为支付平台提供一个有利的环境。对电子支付系统的信心是很重要的，我们可以加强对消费者的保障。中国台湾修订了消费者保护方面的规定，为消费者提供 7 天的试用期，并允许消费者在 15 天内退款。①

在菲律宾，为应对新冠肺炎疫情大流行，数字支付得到了积极推广。快速响应码支付系统将允许通勤者使用数字货币支付出租车费，避免与硬币和纸币的接触。电信公司也在积极推动各种数字应用程序，以满足客户的交易需求，如支付水电费、订餐或交货付款。

通过去中心化（即允许非银行实体提供额外功能）和允许标准托管服务之外的额外服务来加强数字支付系统，将增加数字支付系统的参与者，促进竞争，并为消费者提供更好的选择和服务。这就是中国台湾的经验，台北至少有五家数字支付提供商，它们扩大了数字支付服务。②

三　结论

本文通过研究选定的亚洲经济体的指标，认为亚洲存在数字鸿沟的迹象。针对每一种观察到的数字鸿沟迹象，都提出了一些政策建议或策略。这些政策建议是根据亚洲和亚太经合组织经济体的经验提出的。本研究涉及的问题包括信息通信技术和数字平台的数据收集、增加性别参与、加快基础设施建设、提高和升级技能、对数字平台征税以及提高信任。虽然其他国家（地区）的经验确实可以作为政策的出发点，但开展协商和彻底的政策分析仍然是重要的。

---

① Gloria Pasadilla, Andre Wirjo, and Jiquan Liu, "Promoting E-commerce to Globalize MSMEs", Singapore: APEC Policy Support Unit, 2017, https://www.apec.org/Publications/2017/11/Promoting-E-commerce-to-Globalize-MSMEs#:~:text=Initial%20introductions%20to%20e%2Dcommerce, collection%20that%20SMEs%20need%20to，登录时间 2020 年 9 月 12 日。

② Gloria Pasadilla, Andre Wirjo, and Jiquan Liu, "Promoting E-commerce to Globalize MSMEs", Singapore: APEC Policy Support Unit, 2017, https://www.apec.org/Publications/2017/11/Promoting-E-commerce-to-Globalize-MSMEs#:~:text=Initial%20introductions%20to%20e%2Dcommerce, collection%20that%20SMEs%20need%20to，登录时间 2020 年 9 月 12 日。

Strategies for Bridging the Digital Divide

Francis Mark A. Quimba

Abstract Indications of the digital divide in Asia has been explored in this study. The strategies discussed include data collection on ICT and digital platforms, increasing gender participation, accelerating infrastructure development, improving and upgrading skills, taxing digital platforms, and improving trust. Multiple strategies can be utilized to address these issues. For instance, economies in Asia can consistently monitor and produce indicators related to all types of access. Economies can also address factors affecting women's use of computers, mobile phone internet, and eventually digital platforms, and to accelerate the availability of critical ICT infrastructure. Moreover, digital skills are important, so strengthening this is necessary in order for the population to maximize the use of the digital economy. Exploring policies, such as for the redistribution of benefits from those that benefit from platforms to those that are excluded can be undertaken. Building awareness, interest, and trust on the use of digital platforms is foundational for the success of e-commerce and should be explored as well. While the experiences of other countries are indeed relevant as starting points for policy, it is still important that a consultative and thorough policy analysis be conducted.

Key Words Digital divide; Platform economy; Strategies; Asia

Author Francis Mark A. Quimba, Philippine Institute for Development Studies, Senior Research Fellow.

中国—新加坡数字平台合作

［新加坡］林大伟 刘伯健（著） 余俊杰（译）*

【摘要】本文以新加坡为主要分析对象，聚焦于数字平台合作议题，重点分析了中国与新加坡在数字平台领域的合作现状、动机和未来趋势。首先，简要介绍了中国与东盟国家开展数字平台合作的概况。在此背景下，提出新加坡与中国在数字平台领域存在兼容性，讨论了新加坡所具备的世界级的数字基础设施，中间人角色以及与中国各地区和城市的互联互通、金融和贸易互联互通现状，并就具体合作领域进行了讨论。最后，重点分析中新合作旗舰项目——智慧城市，内容包括区块链系统、贸易平台、电子纠纷解决机制和人才培养等。

【关键词】中国　数字化　新加坡　智慧城市　电子商务

【作者简介】林大伟（Lim Tai Wei），新加坡国立大学东亚研究所，高级研究员；刘伯健（Liu Bojian），新加坡国立大学东亚研究所，助理研究员。

一　引言

近年来，伴随着以技术创新和商业模式为中心的数字经济的发展，中国的网络产业发展迅猛，同时互联网人口快速增长。东南亚已成为中国互联网服务供应商投资与合作的重点目标地区之一。① 本文将讨论促使中国科技巨头寻求与东南亚地区尤其是新加坡开展合作的多重因素，就中国与

* 余俊杰，广西大学国际学院《中国—东盟研究》编辑部，责任编辑。

① 另一个目标是印度。

新加坡在智慧城市网络构建和 5G 网络建设方面的合作进行了讨论，表明了在数字时代下中国与新加坡在技术交流合作领域前景无限。

二 科技生态系统与地缘经济中的新加坡

（一）东南亚地区获得中国科技巨头的青睐

近二十年来，在“走出去”重大经济战略的指导下，中国政府一直鼓励国内领先企业到海外投资以提高企业竞争力。更重要的是，相对于在实施“走出去”战略的第一个十年期间国有企业的突出表现，当前越来越多的中国民营企业，尤其是互联网企业，正在成为中国经营海外业务的主要参与者。

中国顶级电子商务公司已经在各自的业务领域建立了自身的利基市场，[①] 中国国内市场的激烈竞争迫使它们考虑在海外市场提供投资和服务。此外，因正处于最后的人口红利期，中国的互联网人口增长正接近瓶颈。然而与中国和许多发达国家相比，大部分东南亚国家的互联网产业还处于起步阶段。换言之，中国的资本、技术和经营经验可以帮助东南亚本土互联网产业的发展。

中美在技术经济方面的紧张关系使得东南亚对于寻求海外商业成功的中国企业而言更加重要。另外两个主要的市场，即欧盟和日本，是中国民营企业一直追求的市场，但在许多方面都不及东南亚，比如政治互信、劳动力成本、年轻人口的规模以及中国高科技产品的政治经济接受度或社会经济接受度。

在推动数字平台合作方面，以电子商务为例，电子商务的成功很大程度上依赖于高效的物流配送。因此，考虑到地理上的邻近性以及相应较低的物流或运输成本，对于中国而言，许多东南亚国家具有潜在的地缘优势，成为中国企业在电子商务行业中寻求国际合作的首选。当涉及建立区域运营总部时，新加坡通常被中国视为最便利的交易中心。

根据“中国制造 2025”倡议和中国“十三五”规划中的“互联网 +”

① 利基市场是在较大的细分市场中具有相似兴趣或需求的一小群顾客所占有的市场空间，大多数成功的创业型企业一开始并不在大市场开展业务，而是通过识别较大市场中新兴的或未被发现的利基市场发展业务。

战略，中国计划从传统产业转向更先进的领域，如新一代信息技术，以增加中国在全球价值链中的附加值。然而，如果中国的信息技术公司只在中国国内运营，不参与国外市场竞争，不通过海外投资获得技术知识，就很难与外国同行竞争。通过激烈的竞争，海外市场的经验不仅可以使中国的信息技术产品产生更多的收入从而获得更多的利润，也可以推动中国升级信息技术产品的软件生态系统。例如，尽管中国国产智能手机在全球部分地区很受欢迎，但其操作系统功能受限于海外软件开发商。[①] 作为全球的科技中心和领先技术试验地（包括第四次工业革命技术），新加坡可以在帮助提高中国科技产品的竞争力方面发挥作用。

在大数据和人工智能技术领域，只有当应用范围进一步扩大到更广泛的全球市场，中国信息技术企业才可能获得更有价值的数据，这些数据可以帮助完善它们的产品与国际商业策略（包括广告功能、产品与客户匹配、通过大数据检索客户信息等）。虽然《区域全面经济伙伴关系协定》（RCEP）已于2020年11月签署，但众所周知，RCEP成员最终并未就跨境数据交易达成一致意见，这至少预示着国际经济的两种未来趋势。首先，在未来几十年的全球化中，数据被认为是人工智能时代的基本战略资产（一些人将数据类比为资产，如原油一样，在当今全球经济中至关重要）。据预测，工业世界中的所有部门几乎都须依赖互联网，互联网成为各种商业活动中取得成功所必需的通用基础设施。

其次，大量采集数据的广度和深度以及利用处理数据的能力将成为公司及国家能力的决定性因素，这促使许多国家力争在数据跨境交易方面达成国际协议，同时有必要建立技术和法律基础来确保这些数据的适当使用。新加坡开放的和可访问的数据结构包含由统计局免费提供的重要的经济统计信息，其试验平台可与世界领先的数据管理经验和发展模式相结合。

因此，出于支持自身数字技术的发展，并在相关问题上寻求国际合作的原因，中国提出“数字丝绸之路”倡议。中国高科技企业渴望在海外投资，因为它们必须在监管框架仍在演变的初级市场积累经验。因此，邻近的东南亚便成为许多新兴且快速成长的中国高科技公司的首要目标。除上述原因外，还有其他四个原因进一步解释了为什么东南亚目前被中国科技

① 相比之下杀手应用程序开发商则是来自西方的全球巨头，类似于苹果和谷歌等。

巨头视为投资的首选地。

第一，东南亚人口众多，消费者群体庞大且偏年轻，[①] 在接受基于互联网的创新应用和服务方面拥有突出优势。新加坡是东南亚多元文化多样性的一个缩影，其人口的四个主要种族反映了东南亚人口的构成，因此新加坡成为适合中国（和其他领先国家）技术的多元文化试验基地。东南亚拥有6亿多人口，对各种互联网服务的需求迅速增长，这些服务在中国国内消费市场已经成熟。据悉，东南亚国家每人每天平均在线时间达3.6小时，居世界首位。[②] 以游戏行业为例，东南亚年青一代的在线用户和东亚同胞存在潜在的文化共鸣，游戏公司更有可能在智能手机上成功地将游戏本土化。Sensor Tower 的调查显示，腾讯开发的“王者荣耀”（在越南被称为“Arena of Valor”）等几款中国游戏在越南取得巨大成功，该游戏在2017年越南IOS和谷歌Play应用商店中排名第一。[③]

第二，近年来，在全球经济普遍低迷的背景下，东南亚保持了经济的快速增长，[④] 同时对数字平台新服务提出了更大的潜在需求。根据国际货币基金组织（International Monetary Fund）的统计和预测，在东南亚主要国家中，柬埔寨、老挝和越南的国内生产总值增长率保持在6.6%—7.3%，超过中国，位居世界前列。菲律宾、印度尼西亚和泰国紧随其后，而较发达的新加坡、文莱和马来西亚的人均国内生产总值远远超过中国。新加坡通常被戏称为东南亚地区的“大脑”，是其他国家进军东南亚市场的战略平台。

第三，智能手机在东南亚的普及程度已经达到较高水平，该地区的互

① Jeremiah Overman, Vina Salazar, and Gembong Nusantara, “Passing the Baton”, IMF, September, 2018, https://www.imf.org/external/pubs/ft/fandd/2018/09/southeast-asian-youth-on-the-future-overman.htm，登录时间：2020年6月12日。

② Rayna Hollander, “Southeast Asia Could be A Leader in Mobile Internet Usage Next Year”, Business Insider, December 13, 2017, https://www.businessinsider.com/southeast-asia-could-be-a-leader-in-mobile-internet-usage-next-year-2017-12，登录时间：2020年6月14日。

③ Daniel Ahmad, “Vietnam Snapshot: Southeast Asia's Fastest Growing Mobile Games Market”, Pocket Gamer, Jan 18, 2018, https://www.pocketgamer.biz/asia/comment-and-opinion/67352/mobile-game-trends-vietnam/，登录时间：2020年6月14日。

④ The Organization for Economic Cooperation and Development (OECD), “Economic Outlook for Southeast Asia, China and India 2020”, July, 2019, https://www.oecd.org/dev/asia-pacific/SAEO2020_ Overview_ WEB.pdf，登录时间：2020年6月14日。

联网基础设施也得到了极大的改善。近年来，泰国、马来西亚和新加坡等几个主要东南亚经济体都在加速部署4G以及5G信号，旨在提高国内通信网络的速度。此外，随着一些全球制造行业从中国转移到东南亚，中国领先的手机制造商，如华为、Vivo和Oppo也相继进入东南亚市场。据估计，2018年东南亚智能手机总体普及率达到65%—70%，其中中国手机品牌占比超过60%。① 中国具有成本效益的智能手机很好地迎合了东南亚新兴的智能手机市场，帮助东南亚跳过了基于个人电脑的应用阶段，从而直接连接到移动互联网平台上，为移动互联网经济提供了广阔的前景。

第四，许多中国互联网公司为东南亚国家提供了可行的成功孵化初创企业的方法。红杉资本（Sequoia Capital）、软银（Softbank）和摩根士丹利（Morgan Stanley）等专业风险投资公司在很大程度上塑造了阿里巴巴（Alibaba）、百度和腾讯（Tencent）等中国领先科技巨头，而如今许多领先的东南亚互联网公司实际上都由中国公司注资。例如，阿里巴巴在2016年收购了来赞达（Lazada），并在2017年再次注资10亿美元；② 滴滴和日本软银投资20亿美元，加深了与Grab的合作关系；③ 腾讯支持Sea形成了长期合作伙伴关系。这些投资案例为中国和东南亚未来的进一步合作奠定了基础。

在此背景下，本文将继续从数字平台的角度来探讨中新合作的兼容性。

（二）中新数字平台合作的兼容性

新加坡一直被普遍认为是企业将业务更广泛地延伸到东南亚其他地区

---

① "Canalys: Chinese Smartphone Brands Take 62% of Southeast Asia's 30.7 Million Shipments", Canalys, August 15, 2019, https://www.canalys.com/newsroom/southeast-asia-smartphone-marketshare-Q22019，登录时间：2020年6月14日。

② Saheli Roy Choudhury, "Alibaba Invests Additional $2 Billion in Southeast Asian E-commerce Firm Lazada", CNBC, March 19, 2018, https://www.cnbc.com/2018/03/19/alibaba-invests-addition-2-billion-dollars-in-e-commerce-firm-lazada.html，登录时间：2020年6月15日。

③ Grab Press Centre, "Grab Announces Didi Chuxing and SoftBank As Lead Investors for Current Round of Financing", July 24, 2017, https://www.grab.com/sg/press/business/grab-announces-didi-chuxing-softbank-lead-investors-current-round-financing/，登录时间：2020年6月15日。

的首站。作为东南亚地区的创新和金融中心，新加坡毫无疑问是中国网络公司投资与合作的主要目的地之一，尤其获得科技巨头的青睐。例如，阿里巴巴（Alibaba）收购了新加坡最大的电子商务平台来赞达（Lazada），由中国公司开发的全球领先社交网络应用程序抖音（TikTok）也在新加坡建立了一个数据中心，中国专业加密货币采矿设备的顶级供应商 Bitmain 也选择了新加坡设立其区域总部。

此外，新加坡在网络化以及在东南亚商业运营方面拥有绝无仅有的经验。东南亚地区 12 家最大的高科技公司中，有 6 家选择新加坡作为总部，包括雷蛇（Razer）、Sea Ltd、来赞达（Lazada）、Grab、Trax 和欢聚时代（Bigo Live）。[①] 此外，世界银行《2020 年营商环境报告》显示，新加坡在营商环境便利度方面全球排名第二，亚洲排名第一。[②] 新加坡是中国投资者在东南亚拓展业务的理想枢纽，与其他东南亚国家相比，新加坡在地理位置、法律框架、物流基础设施、金融便利等方面也具有不可替代的优势。此外，中国企业越来越认识到新加坡的重要性，它不仅是进入更广阔的东南亚市场的必要一站，也是进入全球市场的必要一站，包括“一带一路”倡议所覆盖的地区。

在数字互联互通方面，中新合作取得了前所未有的进展。例如，中新两国都是较早倡导在全球新冠肺炎疫情背景下加强合作的国家。两国在新冠肺炎疫情突发后，于 2020 年 6 月举行了深圳—新加坡智慧城市合作联合执行委员会（JIC）的首次会议，以深化东南亚与粤港澳大湾区的数字合作。[③] 其中有两类合作潜力突出。在物流、电子商务领域，两国数字基础设施具备兼容性。新加坡作为世界级金融中心的地位及高度发达的

① Nora Setiawan, “How Startup Raise Capital in Singapore?” Viettonkin Consulting, July 20, 2020, https://www.viettonkin.com.vn/global-business/how-startup-raise-capital-in-singapore/, 登录时间：2020 年 7 月 25 日。

② World Bank Group, “Doing Business 2020”, October 24, 2019, http://documents1.worldbank.org/curated/en/688761571934946384/pdf/Doing-Business-2020-Comparing-Business-Regulation-in-190-Economies.pdf, 登录时间：2020 年 7 月 25 日。

③ “Singapore and China Enjoy Good Momentum in Development of Bilateral Relations”, *The Star*, October 4, 2020, https://www.thestar.com.my/aseanplus/aseanplus-news/2020/10/04/singapore-and-china-enjoy-good-momentum-in-development-of-bilateral-relations, 登录时间：2020 年 11 月 25 日。

信息和通信技术意味着其数字银行可以向新加坡中小企业发放电子贷款。[①]

新加坡敏锐而富有远见地认识到在新冠肺炎疫情的情况下开展此类合作的必要性，也与中国的目标相辅相成。大湾区是中国计划打造的“高质量发展典范”，在同一技术领域的这种互补性预示着未来中新合作的良好前景，并为新加坡成为有意向进入大湾区市场的东盟公司的中间人或扮演“开拓者”的角色提供了最佳条件。私营部门对中新两国的合作充满信心，并给予积极评价。地理位置是一个重要因素。新加坡是东亚金融中心，拥有东南亚最先进的金融体系和法律架构。北京互联网行业分析师刘丁丁（音译）认为，这是一个加分点，“日益增长的合作需要与之匹配的资本流动，这就是中国金融科技公司竞相争夺数字银行牌照的原因”。

在中国科技产品、实力和能力的展览机制方面，两国联合搭建了重要平台。例如，新加坡和中国重庆于 2020 年 9 月共同在线主办了中国国际智能产业博览会（SCE），新加坡人力部长杨莉明（Josephine Teo）强调，新加坡和中国重庆有一个共同的目标，即将自身定位在数字互联互通领域的顶端。[②] 它们在政府间合作（GTG）方面取得了一个里程碑式的成果：中国（重庆）—新加坡战略性互联互通示范项目（CCI），该项目正在如火如荼地发展。新冠肺炎疫情在全球范围持续蔓延，“走向数字化”成为日常交流和贸易的主要特点，“数字互联互通增强了区域间的实物贸易和互联互通水平。大家需要共同努力提高货物清关效率”。

新加坡和中国除了政府加强合作外，两国的私营部门也在开展合作。2020 年初，小米集团与香港金融服务提供商 AMTD 集团、新加坡领先的公用事业提供商 SP 集团和 P2P 借贷平台 Funding Societies 联合申请了数字批发银行牌照（其竞争对手包括阿里巴巴集团旗下的蚂蚁金服）。[③] 武汉科技大学金融证券研究所所长董登新指出：“在政治上，新加坡可以成为连接

---

① Cong Wang and Zhang Dan, “Chinese Fintech Firms Flock to Singapore”, The Global Times, January 7, 2020, https://www.globaltimes.cn/content/1176028.shtml，登录时间：2020 年 7 月 25 日。

② 2018 年与 2019 年，新方都是中国国际智能产业博览会的重要嘉宾。详见：“Singapore and China Enjoy Good Momentum in Development of Bilateral Relations”, *The Star*, October 4, 2020, https://www.thestar.com.my/aseanplus/aseanplus-news/2020/10/04/singapore-and-china-enjoy-good-momentum-in-development-of-bilateral-relations，登录时间：2020 年 11 月 25 日。

③ Cong Wang and Zhang Dan, “Chinese Fintech Firms Flock to Singapore”, The Global Times, January 7, 2020, https://www.globaltimes.cn/content/1176028.shtml，登录时间：2020 年 7 月 25 日。

东西方的桥梁”，中国的金融科技公司将向新加坡引入数字银行、基于互联网的产业集群、跨境电子购物的电子支付和结算。因此，两国数字平台合作的前景非常广阔。①

在经济领域，新加坡的网络贸易平台作为倡导数字化的一站式贸易物流系统和中国的单一窗口平台共同确保了双边数字贸易具备无漏洞和效益高等优点。② 在金融领域，数字基础设施建设进展顺利，新加坡已成为中国的重要东盟合作伙伴。随着新加坡金融领域的开放，中国金融服务提供商纷纷涌向新加坡。它们渴望为零售/批发客户提供银行服务，截至2020年初，新加坡金融管理局已经收到了21份申请（其中7份数字全银行牌照，14份数字批发银行牌照），申请方包括阿里巴巴集团旗下的蚂蚁金服、小米公司和腾讯控股的SEA等公司。③

对于目前的科技巨头如苹果、脸书、中国的微信和支付宝而言，传统上由商业银行提供服务的支付系统越来越依赖如在线购物和社交网络服务等数字平台。此外，比特币和以太币等区块链应用也将数字平台与金融服务的融合提升到了一个更高的水平。④ 事实上，根据中国国家发展和改革委员会（NDRC）公布的数据，在中国国家区块链服务网络（BSN），一个面向全球市场的大型区块链基础设施中，新加坡被列为中国部署的7个海外网络节点之一，共连接128个中国城市。⑤ 此外，新加坡正在通过区块链技术加强与中国的供应链融资合作，参与的银行包括新加坡星展银行、华侨银行和中国的上海银行。

---

① Cong Wang and Zhang Dan, “Chinese Fintech Firms Flock to Singapore”, The Global Times, January 7, 2020, https://www.globaltimes.cn/content/1176028.shtml，登录时间：2020年7月25日。

② “Singapore and China Enjoy Good Momentum in Development of Bilateral Relations”, *The Star*, October 4, 2020, https://www.thestar.com.my/aseanplus/aseanplus-news/2020/10/04/singapore-and-china-enjoy-good-momentum-in-development-of-bilateral-relations，登录时间：2020年11月25日。

③ Cong Wang and Zhang Dan, “Chinese Fintech Firms Flock to Singapore”, The Global Times, January 7, 2020, https://www.globaltimes.cn/content/1176028.shtml，登录时间：2020年7月25日。

④ Bojian Liu. “Impact of Blockchain on China's Cyber Statecraft: Opportunities and Risks”, *East Asian Policy*, Vol. 10, No. 4, 2018, pp. 71–78.

⑤ AJ Cortese, “China's Public Blockchain Service Network to Increase Accessibility for Global SMEs”, Kr-asia, May 5, 2020, https://kr-asia.com/chinas-public-blockchain-service-network-to-increase-accessibility-for-global-smes，登录时间：2020年8月20日。

而面对央行数字货币（CDBC）的金融创新趋势，虽然使用区块链技术是为了在长期内根本改变央行数字货币的发行、储蓄和融资，但在发行法定货币方面完全采用区块链还为时尚早。原因之一是区块链在可靠性和可扩展性方面存在暂时未修复的缺陷，正如中国发布数字人民币—数字货币电子支付（DCEP）的过程中，中国政府在数字货币电子支付（DCEP）上之所以没有使用区块链进行发行，是因为担心目前区块链的技术能力可能无法在中国维持超高频交易和保证每日交易量。然而，在人民币国际化等现有货币合作的基础上，新加坡和中国正在寻求合作，特别是在为中国法定数字人民币建立跨境支付解决方案方面，不仅能够大大降低成本，同时还可以提高国际结算效率。

正如新加坡金融管理局（MAS）常务董事拉维·梅农（Ravi Menon）在 2020 年 6 月 18 日举行的上海陆家嘴论坛上指出，中国和新加坡正在讨论央行数字货币（CDBC）使用的可行性合作，比如允许中国游客在国外使用数字人民币。2020 年 11 月 23 日，中国人民银行行长周小川建议中新两国央行数字货币合作先从零售支付开始。

总而言之，中国需要在包括区块链在内的金融技术革命/演变中保持领先，这是推动中国与新加坡在数字银行领域合作的原因之一。从这个意义上说，新加坡甚至可能是一个“数字”探路者，不仅仅将中国公司或技术与世界联系起来，也将中国的法定货币与全球市场联系在一起，可以预见未来是各种数字货币共存和竞争的时代，包括依托区块链技术的加密货币。

另外，新加坡利用其作为全球地缘经济中心之一的优势地位，能够在中国进一步融入数字化以及经济/金融全球化的过程中发挥潜在作用，并为世界其他国家加入包括中国在内的经济快速增长的亚洲市场的过程中充当中介。换言之，新加坡高度整合的金融/银行系统，以及与世界上主要经济体维护友好和强劲关系，并在全球地缘经济中扮演着稳定和有原则的角色，都加固了新加坡对于中国而言不可替代的重要性，同时促使许多中国提出的全球性倡议倾向于以新加坡作为主要合作伙伴。因此，新加坡主要的商业银行及其金融创新实践在与中国同行（以及世界各地的合作伙伴）的合作中脱颖而出。例如，新加坡金融管理局（MAS）、星展银行和华侨银行加入了由摩根大通、汇丰银行和三菱 UFJ 金融集团等发起的 R3 区块链联盟（R3CEV），这是由新加坡主导的，旨在创建和试验使用央行支持的数字新加坡元。①

三　中新合作旗舰项目：智慧城市

中国智慧城市的最终目标是建立一个现代化的社会主义经济体系，在该体系中实现人工智能、物联网、大数据和机器人等高科技应用，2012 年中国政府正式批准并公布了相应的计划。这一计划的重点是在选定的开创性智慧城市的生活实验室中研究这些技术的实施。中国的发展模式通常被认为是自上而下的，因此部分专家认为如果政府在他们的计划中投入相应资源，他们通常会逐步推动计划的实现和完成。

同样的策略现在也适用于智慧城市计划。智能系统将对中国的互联互通基础设施进行补充。例如，它们被应用于高度联通的北京超大城市群——京津冀首都圈（包括北京、天津、河北），该区域的面积超过 8.2 万平方英里，共同管理连接这一大片区域的高速公路和桥梁。② 另一个关注智能技术实施的城市是重庆，它承接了新加坡与中国合作建设的第三个政府间合作重点项目：中国（重庆）—新加坡战略性互联互通示范项目。与中新互联互通项目中的实体中心不同，数字平台需要连接城市、个人和企业。数字平台作为一个安全、开放、制度化、务实和可重复使用且日益壮大的在线市场，为有抱负的企业家和公司扩展其业务活动。作为一个跨境贸易平台，它可以充实个人和企业的生活，并为消费者提供全球生产商制造的价格实惠、经过认证的优质产品，同时能有效结合新想法和年轻的商业头脑，打造属于未来的数字企业家。

这一举措同时涵盖了私营部门。相关机构希望吸引企业成为方案提供商，同时利用中国指定的智慧城市来实施和试验它们的技术。当这些公司成功地提供了它们的解决方案并克服了相关挑战，它们的系统将在智慧城市扎根，所以它们只需要对基本的系统特性进行修复和升级，以适应城市

---

① Monetary Authority of Singapore, "MAS, R3 and Financial Institutions Experimenting with Blockchain Technology", November 16, 2016, https://www.mas.gov.sg/news/media-releases/2016/mas-experimenting-with-blockchain-technology，登录时间：2020 年 11 月 26 日。

② Sue Tabbitt, "Could China's Cities Outsmart the West?" The Network Cisco's Technology News, February 2, 2016, https://newsroom.cisco.com/feature-content?type=webcontent&articleId=1735469，登录时间：2018 年 1 月 1 日。

不断发展的需求即可。本土企业更受青睐，因为智慧城市建设的主要挑战之一是要适应特殊的本土情况。因此，位于智慧城市的本土公司最有能力识别这些本地特征，并为之制定解决方案。

当本土企业大量参与项目时，便具备一定的经营优势。本土企业在中国的一个城市取得成功时，可以有效地将其工作业绩和成果向其他城市推广。考虑到中国是一个庞大的市场，同时代表着全球最大的国家智慧城市网络，在一个特定的智慧城市，本土企业间建立了牢固的关系，并共同为城市的发展提供解决方案，这些公司可以密切协作并向其他经济体输出共同开发的解决方案。

中国的城市根据经济发展水平、对中央政府和省政府的重要性等因素被非正式地进行等级划分，针对一线城市开发的解决方案适用于全球其他主要城市，而为三线城市开发的解决方案可能更具成本效益，满足发展中经济体的需要和预算。如果中国的技术在第一个实施城市获得成功，它们就可以出口到其他国家，包括东盟国家。东盟正以新加坡为首着力构建智慧城市网络，新加坡领导的目标是连接该地区所有智慧城市。智慧城市网建成后，在私营部门应用了能够帮助政府部门进行治理和城市管理的技术后，东盟国家将从该项投资中获益。

东盟经济体最终将在中国的“一带一路”倡议所覆盖的版图上变得非常重要，这有助于东盟国家的企业超越来自其他国家的竞争企业成为先行者。中国已经在帮助老挝、泰国、印度尼西亚和柬埔寨建设高速铁路系统，这一适用于中国国内公共交通需求的智能系统将有助于改善东南亚的交通状况。相关技术主要与公共交通系统相关，如用于检测和指挥交通的传感器、公交车站的电子板、交通堵塞管理/解决方案、具有预测和外推功能的大数据利用等。例如，中国首都北京尤其容易受到交通堵塞的影响，而传感器为通勤者提供实时数据，来自传感器的数据也可以输入到智能控制系统中，用于管理城市基础设施需求。

新加坡、中国和东盟数字合作与交流背后的核心理念非常清晰，即通过私营部门、大学和政府，为全球智慧城市合作树立一个新标杆。同时新加坡积极开展与深圳等中国一线城市的合作，这种合作有着强大的潜在商业目的，即培育市场力量和创造就业机会。新加坡—中国（深圳）智慧城市倡议联合执行委员会第一次会议于 2020 年 6 月 18 日召开，新加坡通讯及新闻部常任秘书杨颖仪与深圳市市长陈如桂共同主持，双方共签署 8 项谅解备忘录，为粤港澳大湾区和东南亚提供更广泛的经济机会。

在新冠肺炎疫情背景下签署这些谅解备忘录意味着疫情加速了数字互联互通。中新智慧城市倡议（SCI）建立在数字互联互通、创新创业以及科技人才交流和发展的基础上，以促进企业和个人在数字经济发展中改变其数字服务的提供和利用。新加坡通讯及新闻部常任秘书杨颖仪表示："尽管新冠肺炎疫情严重，但新加坡—中国（深圳）智慧城市倡议在 2019 年启动数月后便取得了实质性的积极成果。事实上，新冠肺炎疫情加快了中新数字化步伐。新加坡将继续与深圳等志同道合的伙伴加强合作，推动数字经济的创新，增进贸易和互联互通，为企业、社区和个人创造令人兴奋的发展机遇。"①

新加坡—中国（深圳）智慧城市倡议中有三项内容是明确的。一方面，两国都充分认识到新冠肺炎疫情对数字服务需求的影响。许多实体供应链在疫情期间遭到破坏，实体商店纷纷停业，实体办公空间无法用于正常办公，会面和交流同样无法进行。另一方面，电子商务、在线通信、无人机配送和机器人物流蓬勃发展。因此，现在双方都着眼于建立一个新的亚洲中小企业中心，一个便于买家、卖家、物流服务提供商以及融资和数字解决方案提供商进入的生态系统，以塑造互信的跨境伙伴关系，使得私营企业进入新市场后大力创新，努力实现经济增长。② 深圳市市长陈如桂重申，该平台将依靠市场力量运作，"深圳将遵循合作互利、政府引导、企业主导、市场导向"的原则，全面深化深新智慧城市合作。③

Eezee. sg 是一个面向中小企业的数字平台，获得新加坡信息通信媒体发展管理局（IMDA）和新加坡企业发展局的支持，已有 50 家中小企业在该平台出售工业产品，化学、安全、医疗和办公用品。该平台对接中国

---

① Mohit Sagar, "Singapore-China Smart City Initiative Agrees to Accelerate and Further Digitalisation", Opengovasia. com, June 18, 2020, https://www.opengovasia.com/singapore-china-smart-city-initiative-agree-to-accelerate-and-further-digitalisation/，登录时间：2020 年 6 月 18 日。

② Mohit Sagar, "Singapore-China Smart City Initiative Agrees to Accelerate and Further Digitalisation", Opengovasia. com, June 18, 2020, https://www.opengovasia.com/singapore-china-smart-city-initiative-agree-to-accelerate-and-further-digitalisation/，登录时间：2020 年 6 月 18 日。

③ "Singapore and Shenzhen Hold First Smart City Initiative Meeting", Smartcitiesworld. net, June 18, 2020, https://www.smartcitiesworld.net/news/news/singapore-and-shenzhen-hold-first-smart-city-initiative-meeting-5379，登录时间：2020 年 6 月 18 日。

“壹企业”中小企业生态系统中囊括400万中小企业的消费/分销网络，当东盟出现更多中小企业生态系统时，它们将能够通过新建的亚洲中小企业中心与中国中小企业合作。[①] 亚洲中小企业中心将由平安集团子公司金融壹账通在新加坡建设和运营3年，为中小企业提供一个集成的eKYC工具包，用于保护商业交易。[②]

此外，深圳国际仲裁院与新加坡国际调解中心合作设立的高效、有效的“调解—仲裁”争端跨境解决机制，通过验证有效数据、互相认可的数字身份系统和无漏洞的电子交易调解，有助于提升数字贸易连通性、促进数字保险发展和提高银行融资效率。[③] 新加坡具有丰富的经验，在该领域已经连续5年排名世界第一，是中方理想的合作伙伴。2015年，全部新增国际刑事法院案件中，超过6%的案件指定新加坡作为仲裁平台，在亚洲国际刑事法院仲裁中居首位，并连续10年成为5个国际仲裁城市之一，并在全球最受青睐的仲裁地点中名列第四。[④]

通过提升商业信心和执行合同法，新加坡与深圳可以继续在人才交流、数字身份平台、数字贸易、数字支付和跨境数据管理等方面开展合作，在第二阶段合作计划中纳入与此相关的活动和设施。[⑤] 值得注意的是，目前人才交流已经推进，新加坡资讯通信发展管理局（IDA）、新加坡国立大学（NUS）与中国10所最高级别的大学开展合作，在新加坡和中国的大

---

① Mohit Sagar, “Singapore-China Smart City Initiative Agrees to Accelerate and Further Digitalisation”, Opengovasia. com, June 18, 2020, https://www.opengovasia.com/singapore-china-smart-city-initiative-agree-to-accelerate-and-further-digitalisation/，登录时间：2020年6月18日。

② Eileen Yu, “Singapore, Shenzhen Push Smart City Partnership with SMB Hub”, ZDnet, June 18, 2020, https://www.zdnet.com/article/singapore-shenzhen-push-smart-city-partnership-with-smb-hub/，登录时间：2020年6月18日。

③ Mohit Sagar, “Singapore-China Smart City Initiative Agrees to Accelerate and Further Digitalisation”, Opengovasia. com, June 18, 2020, https://www.opengovasia.com/singapore-china-smart-city-initiative-agree-to-accelerate-and-further-digitalisation/，登录时间：2020年6月18日。

④ International Chamber of Commerce (ICC), “ICC Report Confirms Singapore as A Leading Asia Arbitration Hub”, June 6, 2016, https://iccwbo.org/media-wall/news-speeches/icc-report-confirms-singapore-as-a-leading-asia-arbitration-hub/，登录时间：2020年6月18日。

⑤ Mohit Sagar, “Singapore-China Smart City Initiative Agrees to Accelerate and Further Digitalisation”, Opengovasia. com, June 18, 2020, https://www.opengovasia.com/singapore-china-smart-city-initiative-agree-to-accelerate-and-further-digitalisation/，登录时间：2020年6月18日。

学之间建立了为期 3 年的合作伙伴关系。其目标是为信息通信行业增加智力资本和人才，作为提高两国劳动力竞争力战略联盟的组成部分。①

深圳市市长陈如桂希望新加坡—中国（深圳）智慧城市倡议坚持“合作共赢、政府引导、企业主导、市场导向”的原则。② 以市场为基础则意味着私营企业也可以参与合作进程。来自新加坡的康乐云尚（Kinofy）就是一个优秀案例。康乐云尚是新加坡主要的私营跨境社交零售供应链生态系统，该生态系统通过营销、物流和仓储、授权、培训合作伙伴等，为企业家提供智能、人性化、无缝衔接的方案，将其品牌形象引入中国数字市场。对企业家而言，这一生态系统也与传统工业 4.0 时代鼓励地区内更多的年轻人寻找工作机会和创造价值，而不是仅仅依靠加入跨国公司的理念相吻合，因为在跨国企业中人工智能和其他工业 4.0 技术正在取代部分工作岗位。

Digital Platform Cooperation with China: The Case Study of Singapore

Lim Tai Wei　Liu Bojian

Abstract　In this writing, Singapore is the main object of analyses with a focus on digital platform cooperation. The key objects of analysis is the current situation, motivation and future trend of cooperation between the two countries in this area. First, a brief contextualization and background information of China's cooperation with ASEAN is surveyed. Within this context, the writing then lays out the argument that Singapore stands out in terms of its compatibility with China

① Infocomm Media Development Authority (IMDA), "Singapore-China Academic Partnership Accelerates Infocomm Talent Development", January 30, 2002, https://www.imda.gov.sg/news-and-events/Media-Room/archived/ida/Media-Releases/2002/20061120113659，登录时间：2020 年 6 月 18 日。

② Mohit Sagar, "Singapore-China Smart City Initiative Agrees to Accelerate and Further Digitalisation", Opengovasia.com, June 18, 2020, https://www.opengovasia.com/singapore-china-smart-city-initiative-agree-to-accelerate-and-further-digitalisation/，登录时间：2020 年 6 月 18 日。

in digital platforms. In this section, Singapore's world-class digital infrastructure, middleman role, connectivity with Chinese regions/cities, financial infrastructure, and trade connectivity are discussed. This is followed by details on specific areas of cooperation. Finally, the writing ends with discussions of smart cities_ the flageship megaproject between China and Singapore, including developments in blockchain systems, trade platforms, electronic dispute resolution mechanisms and talent development.

Key Words China; Digital; Singapore; Smart Cities; E-commerce

Author Lim Tai Wei, East Asian Institute at National University of Singapore, Senior Research Fellow; Liu Bojian, East Asian Institute at National University of Singapore, Research Assistant.

越南对促进数字平台可持续发展的观点和政策

［越南］阮廷山（著）　韦宝毅（译）*

【摘要】数字平台及其形成的平台生态系统正成为整个产业和各类社会经济活动的现代化驱动力量，成为创新、经济增长和竞争的动力。越南政府认识到数字平台和数字经济巨大的增长和发展潜力，认为开发和利用数字平台和数字经济是实现越南经济现代化的新动力，特别是能够推动越南成为高收入国家。本文通过探讨越南数字平台发展的历程，管窥越南对促进数字平台可持续发展的观点和政策，进而根据越南数字平台发展的经验，为中国与东盟数字平台的持续发展与合作提出建议。

【关键词】数字平台　可持续发展　越南

【作者简介】阮廷山（Nguyen Dinh Sach），越南外交学院外交政策和战略研究所，研究员。

一　引言

数字平台可以被定义为任何类型的平台，使用互联网连接分散的个人网络，以促进人与人之间的数字互动。① 同样，迈克尔·库斯玛诺（Mi-

---

* 韦宝毅，广西大学国际学院《中国—东盟研究》编辑部，责任编辑。

① Deloitte，"The Rise of the Platform Economy"，January，2019，https：//www2. deloitte. com/content/dam/Deloitte/nl/Documents/humancapital/deloitte-nl-hc-the-rise-of-the-platform-economy-report. pdf，登录时间：2020 年 8 月 26 日。

chael Cusumano）、安娜贝拉·加威尔（Annabelle Gawer）和彼得·埃文斯（Peter Evans）将数字平台定义为多重数字框架，这些框架塑造了参与者之间相互交流的条件。① 更详细地说，数字平台是指任何用于交流的电子工具，包括桌面、手机、社交软件和电子邮件，以及网站和社交媒体，诸如推特、亚马逊、Wattpad 等。总之，数字平台是指网站允许用户进行互动的软件或硬件。② 近期研究表明，数字平台及其形成的平台生态系统正成为整个产业和各类社会经济活动的现代化驱动力量，成为创新、经济增长和竞争的动力。③

越南政府认识到数字平台和数字经济巨大的增长和发展潜力，认为开发和利用数字平台和数字经济是实现越南经济现代化的新动力，特别是能够推动越南成为高收入国家。

在 20 世纪 80 年代，越南是世界上最贫穷的国家之一。2010 年越南已经晋升为中等收入国家。预计到 2035 年，越南将成为较高水平的中等收入国家。为实现进一步发展，越南政府专注于创新和提升技能，改善市场机制和维持基础设施投资，在此基础上，数字转型将成为经济增长的关键驱动力。

二　越南数字平台发展的历程

（一）21 世纪初互联网在越南的引入，是越南数字平台发展的起点

自 2003 年以来，越南高速互联网服务、智能设备和移动电话的使用率一直相对较高。2017 年，越南超过一半的人口可以使用互联网，而 10 年

① Kenney, Martin and John Zysman, "The Rise of the Platform Economy", ISSUES, March 29, 2016, https://issues.org/the-rise-of-the-platform-economy/，登录时间：2020 年 8 月 26 日。

② "What is Digital Platform", IGI Global, https://www.igi-global.com/dictionary/digital-platform/55829，登录时间：2020 年 8 月 26 日。

③ Irina B. Teslenko, Alexey M. Gubernatorov, Nizami V. Abdullaev, Irina A. Alexandrova and Olga A. Kornilova, "Digital Platforms in the Modern Economy: The Concept, Features and Development Trends", January, 2020, https://www.researchgate.net/publication/335829912_Digital_Platforms_in_the_Modern_Economy_The_Concept_Features_and_Development_Trends，登录时间：2020 年 8 月 26 日。

前这一比例仅为 15%。[①] 尽管卫星和无线网络服务覆盖到了最偏远的省份，提高了互联网的普及率，农村地区仍然落后于城市地区。商界也越来越多地采用宽频互联网服务。使用互联网进行商业活动的制造和服务公司的份额 2007 年为 71%，2011 年上升到 86%。[②] 越南是东盟地区拥有最多注册域名的国家。截至 2020 年 7 月，在东盟国家注册的近 100 万个域名中，有 50.6 万多个活跃的越南域名。越南有大约 1600 万个互联网通信协议第 4 版（IPv4）地址。[③]

高速互联网的发展及其广泛普及为发展包括数字平台在内的多种互联网服务奠定了坚实基础。

（二）利用信息通信技术促进经济发展

越南数字经济蓬勃发展，各行业广泛地应用信息通信技术。快速增长的新兴行业包括金融技术、电信、电子及计算机制造、信息通信技术服务等。

截止到 2018 年年中，越南拥有涉及信息技术硬件、软件、数字内容和信息通信技术服务的企业约 3 万家。越南的软件开发者和初创企业蓬勃发展，可以开发供越南国内使用的数字产品和服务，并能够承接从发达经济体转移而来的软件开发工作。[④] 越南在河内（Hanoi）、胡志明市（Ho Chi Minh City）和岘港（Da Nang）等几个主要城市建立了信息技术程序员和工程师的培训中心和科技园。[⑤]

信息通信技术是越南发展最快的行业之一。2018 年信息通信技术行业

① World Bank，“World Development Indicators”，January 3，2019，http：//data. worldbank. org/，登录时间：2020 年 8 月 26 日。

② Nguyen H.，Marc S.，*Internet*，*Reorganization and Firm Productivity in Vietnam*，Washington D. C.：World Bank，2015.

③ Vietnam National Internet Exchange，“Report on Internet Statistics of Vietnam”，https：//vnnic. vn/en/stat/report-internet-statistics? lang = en，登录时间：2020 年 8 月 26 日。

④ Vietnam Information Technology Outsourcing Alliance，“Why Vietnam?” http：//vnito. org/why-vietnam/，登录时间：2020 年 8 月 26 日。

⑤ Ministry of Information and Communication and Vietnam Association for Information Processing，“Vietnam ICT Index 2016”，http：//www. vaip. org. vn/download/2017/Bao% 20cao% 20VN% 20ICT% 20Index% 202016_ cong% 20bo_ ban% 20day% 20du_ final-22032017. pdf，登录时间：2020 年 8 月 26 日。

总收入为989亿美元，是2010年76亿美元的13倍。硬件行业是越南信息通信技术行业最大的细分行业，贡献了2018年总收入的89%。[①] 2016年，越南信息通信技术设备出口额占出口总额的25%左右，而2011年这一比例还不到10%。[②] 2018年，信息通信技术设备业已成为越南最大的出口行业，其中电话和广播设备的比重尤其突出。[③]

越南信息通信技术出口的增长主要来自于在越南投资的行业领先的制造商，比如三星（SAMSUNG）、英特尔（Intel Corporation）、戴尔（Dell）和LG，这些企业正在越南扩大业务和增加投资。[④] 越南组装电器和电子产品，并越来越多地出口精密的计算机设备。三星一半的高端S8和S8 Plus手机以及英特尔超过80%的个人电脑中央处理器都在越南生产。[⑤]

由于外国在信息通信技术制造业的投资，越南在高科技出口方面已经超过了该地区的大多数邻国。

（三）平台经济的创造

云计算平台、智能手机的高普及率以及越南消费者对低个人资产拥有率的偏好，促进了数字经济的发展。例如，在过去5年里，拼车平台的引入对传统出租车业务造成了冲击。越南是亚洲第一个吸引优步（Uber）的国家，也是2015年优步全球增长最快的市场（中国除外）。[⑥] 2018年，Grab收购了优步在东盟地区的业务，2018年9月Go-Jek进入越南，这加剧了拼车平台与传统出租车之间的竞争。

---

① Ministry of Information and Communications of Vietnam, *Vietnam ICT White Paper 2017*, Hanoi: Information And Communications Publishing House, 2017.

② Vietnam Customs, *Merchandise Export and Import 2018*, Hanoi: Ministry of Planning and Investment, 2018.

③ Vietnam Customs, *Merchandise Export and Import 2018*, Hanoi: Ministry of Planning and Investment, 2018.

④ Oxford Business Group, *The Report—Vietnam 2017*, Dubai: Oxford Business Group, 2017.

⑤ Pricewaterhouse Coopers, Spotlight on Vietnam—The Leading Emerging Market, https://www.pwc.com/vn/en/publications/2017/spotlight-on-vietnam.pdf，登录时间：2020年8月20日。

⑥ "Vietnam Uber's Second Fastest Growing Market", *News VietNamNet*, December 21, 2015, https://english.vietnamnet.vn/fms/business/148982/vietnam-uber-s-second-fastest-growing-market.html，登陆时间：2020年8月20日。

传统的出租车服务企业越来越多地开发自己的平台和移动应用来应对拼车平台的竞争。与此同时，法庭程序正在斟酌拼车平台是否需要遵循与传统出租车相同的规定，尽管这可能会削弱拼车平台的竞争优势。越南的对等贷款（P2P Lengding）正在增长，Timma、Vaymuon 和 Mofin 等平台向个人提供贷款，Lendbiz 则提供商业贷款。通过 Lendbiz 服务，企业可以申请高达 10 亿越南盾（约合 44000 美元）的无担保贷款，这些贷款可以在 24 小时内获得批准。Lendbiz 平台对投资者很有吸引力，他们只需要 50 万越南盾（22 美元）就可以加入平台，并且有机会获得高达 20% 的年利率回报。①

（四）越南目前的数字平台

越南拥有自己的数字平台，它们涉及不同领域并各自运营着。它们与世界范围内已经创建和运行的许多平台类似，能源和重工业领域除外（见表 1）。这些越南平台见证了许多成功和失败。如全球最大的 100 家金融科技公司之一的陌陌（MoMo）提供电子钱包服务，2018 年用户超过 1000 万，成功吸引华平（Warburg Pincus）超过 1 亿美元的投资。一个类似于 Facebook Messenger 的免费通信和呼叫应用程序 Zalo 在 2019 年的收入增长了 20%，税前利润增长了 1.5 倍，达到 6410 亿越南盾。相反，许多平台名噪一时，但很快就消失了，如 Lotus 和 Gapo。这两家社交网络有望在越南取代脸书，但最终表现不及预期。②

从失败的案例来看，越南平台失败的主要原因是这些平台建立在已有版本上，缺乏创造力或没有本地化，这使得它们与跨国公司相比缺乏竞争力。例如，脸书几乎垄断社交网络。脸书和推特都推出了便于越南用户使用的新应用。此外，这些跨国公司拥有数十亿用户多年来提供的大量信息，这些信息可以为用户提供更加兼容和方便的服务，而越南的公司在这方面则相对落后。

---

① “TẠI SAO NÊN ĐẦU TƯ CÙNG LENDBIZ?” Lendbiz，https：//lendbiz. vn/nha-dau-tu/，登录时间：2020 年 8 月 20 日。

② Nguyen Thi Hien，“The Road to Build Made in Vietnam Digital Platforms”，*Vietnam Journal of Science*，*Technology and Engineering*，April 24，2020，https：//vjst. vn/vn/tin-tuc/3149/con-duong-xay-dung-cac-nen-tang-so-made-in-vietnam. aspx，登录时间：2020 年 8 月 26 日。

就成功案例而言，陌陌之所以能够主导国外平台（如 Paypal），是因为其语言系统和界面设计对越南用户友好和方便操作。陌陌还可以将它的服务与许多国内银行的服务联系起来，如大多数越南人一直在使用的信用卡服务。同样，与脸书、Line、Kakao Talk 等即时通信软件相比，Zalo 凭借其易于操作的功能和针对越南人的设计，如语言、界面、安装方法等，主宰市场。

从那些成功和失败的案例中可以看出，一个平台成功的关键在于它的创造性、对用户的友好度和本土化程度。从政策角度看，对于国内平台的发展，决策者需要有更广阔、更长远的眼光。政府的工作就是培育一个鼓励数字平台发展的环境。

表 1　**越南的数字平台**

领域	世界平台	越南平台
旅游	Airbnb，Tripadvisor	Asia Platform Travel，Tubudd
交通	Uber，Waze，Grab，Ola Cabs	Be
零售	Amazon，Alibaba，Burberry	Tiki，Vatgia，Adayroi
操作系统	iPS，Android，Windows，Microsoft	
社交网络	Facebook，Twitter，Tinder，Istagram，Wechat	Zalo，Lotus
教育	Udemy，EdX，Doulingo，Coursera	Edumall，Kyna，Học mãi
金融	Bitcoin，Lending Club，Kickstarter	Verig，Kalapa
医疗保健	Cohealo，SimplyInsured，Kaiser Permanete	Ecomedic，Vicare
工作	Upwork，Fiverr，99designs，Sittercity	Vietnamwork，24h
农业	John Deere，Intuit Fasal	Nextfarm，Hachi
能源和重工业	Nest，Tesia Powerwall，EnerNOC	
物流	Munchery，Foodpanda，Haier Group	Ahamove，Ship60

资料来源：越南《科学、技术和工程》杂志（Vietnam Journal of Science，Technology and Engineering）。

三　越南发展数字平台的政策

越南政府认为，整体经济的数字化转型对持续增长和繁荣至关重要。目前，多个机构负责支持和监管越南数字经济的不同方面。管理框架包括由各部颁布的商业条例和法令。目前在电信和信息通信技术相关问题上，信息通信部是管理的主要机构。由单一的部门负责信息通信技术可能有助于大力促进、规范和实施所有与数字经济发展相关的活动。该机构可以协调数字经济的发展，在修订、制定和实施数字经济的政策、方案和计划时保持一致性、同步性和可行性。随着新的自由贸易协定的签署和实施，政策也应不断更新。这将促进区域在数字化、创新、新型全球价值链和高质量对外直接投资方面的合作。同时，从政府到整个社会都应将创新、开放和自由化视为数字化进程的原则。

（一）制定法律法规，提高公众对数字转型的意识

多年来，越南政府实施了一系列法律来规范数字经济。这些法律以法令和决定为指导一一推行。越南的自由贸易协定（如东盟经济共同体、全面与进步跨太平洋伙伴关系协定）和与欧盟等的双边协定进一步加强了这一监管框架。从越南过去 30 年发布的大量政策、总体规划和指示中可以看出越南对发展数字化的决心。这些计划的重点是发展重要的基础设施、建立资讯及通信科技业、推动电子商务和采用科技作为提高生产力的手段。指导数字经济政策和战略发展的主要文件是总理阮春福（Nguyen Xuan Phuc）2017 年签发的 16/CT-TTg 指令。该指令旨在加强面向第四次工业革命的能力，要求中央和地方政府集中精力准备人力资源和发展实施第四次工业革命所需的基础设施。政府还批准了《面向 2030 年、到 2025 年国家数字转型规划》，旨在实现政府基于数字技术发展经济的定位和落实政策。因此，越南将努力在 2030 年前成为东盟地区领先的数字国家和经济体，并允许在数字经济中全面测试新技术。其主要目标包括提高经济竞争力，到 2025 年，数字经济年均增长率达到 20%，劳动生产率至少增长 7%。该规划亦旨在建立一个透明和有效的政府，以在电子政府方面跻身世界前 50 名。

据越南信息通信部信息技术部门主任阮浩云（Nguyen Huy Dung）介绍，该规划的关键是促进越南制造数字平台的创建和发展（口号是越南制造）。[①] 以前，任何想要实现数字化的组织都必须在信息技术系统上投入大

① “Promoting Digital Transformation in Vietnam”, *Da Nang*, August 9, 2020, https://baodanang.vn/khcn/202008/phat-trien-nen-tang-so-make-in-vietnam-thuc-day-nhanh-chuyen-doi-so-3604941/, 登录时间：2020 年 8 月 26 日。

量资金，并拥有自己的信息技术专家。这个过程既耗时长又费用高。然而，随着数字平台的就位，这些组织将不需要在信息技术上耗资过多，而只是扮演用户的角色，因为这些平台能够提供大多数信息技术服务。

政策框架还包括其他文件，如将越南转变为先进的信息通信技术国家的国家战略，在国家机构的运作中应用信息技术的国家方案等。这些政策文件并不局限于数字平台，而是涵盖了与数字转型相关的广泛问题，这些问题对数字平台的发展都很重要。这些文件的主要内容包括：

- 重点发展新的数字基础设施和网络。
- 加快改革，鼓励企业采用新技术，包括跨政府机构实施电子政务，审查相关法规和服务。
- 在政府政策和改革中，优先发展越南信息通信技术产业，并促进智能技术在所有行业的应用。
- 通过进一步为科研基础设施和机构提供资金，建立国际联系和促进科技初创企业发展，建立创新生态系统。
- 通过从幼儿到成人教育的科学、技术、工程和数学（STEM）教育和培训，培养技术技能。
- 在所有层面和所有部门提高对第四次工业革命带来的机遇和挑战的认识，确保越南社会和经济的所有领域都为未来的变化做好准备。

这些文件中列出的政策和优先事项反映了越南在开发数字平台方面拥有的诸多优势。这些优势是：第一，数字经济蓬勃发展，形成了数字平台发展的需求。越南的新兴数字行业包括金融技术、电信、电子和计算机制造、信息和通信。① 越南的互联网和手机使用率也很高，移动用户为1.458亿，互联网用户为6817万，社交媒体用户为6500万。② 第二，当地的软件产业正在稳步发展，并开始吸引全球的关注。本地企业占据了大部分市场，提供低成本的软件产品。2018年年中，越南共有9500家企业为金融、电信、智能农业和政府等行业开发了数字软件。越南目前已成为日本第二

① Rob Marvin, "Vietnam's Tech Boom: A look Inside Southeast Asia's Silicon Valley", PC Magazine, September 3, 2015, https://www.pcmag.com/news/vietnams-tech-boom-a-look-inside-southeast-asias-silicon-valley，登录时间：2020年8月26日。

② Trang Anh, "Vietnam's Advantage in Digital Transformation", Vnexpress, July 3, 2020, https://vnexpress.net/fpt-van-hanh-so/nhung-loi-the-trong-chuyen-doi-so-tai-viet-nam-4119734.html，登录时间：2020年8月26日。

大软件外包目的地，仅次于中国。第三，越南软件开发者和初创企业正在蓬勃发展，开发供越南国内使用的数字产品和服务，并承接从发达经济体转移到海外的软件开发工作。越南信息通信部最近的一项研究显示，越南在信息通信技术行业有超过 95.5 万名员工以及 8 万名信息技术和通信专业的毕业生。在河内、胡志明市和岘港等几个主要城市，也建立了信息技术程序员和工程师的专业培训中心和科技园。①

然而，越南也面临着一些挑战。经济专家范志兰（Pham Chi Lan）女士表示，越南的数字平台开发面临三大挑战。② 首先是数据问题。越南用户每天都在使用外国服务，这导致外国企业拥有巨大数据库，而越南国内企业却非常缺乏。其次是法规和政策文件不够透明，不同文件对同一问题的内容不一致，造成了一定程度的不确定性和不可行性。再次是越南企业实力较弱，以中小企业为主。在规模、批发和零售等方面存在诸多限制，产品分散，缺乏必要的专业知识、管理和行业间的联系。

（二）优先考虑“越南制造”数字平台

越南信息通信部部长阮孟雄（Nguyen Manh Hung）先生表示，越南必须能够为每个行业创建自己的数字转型基础设施和平台。③ 其中一个原因是越南有足够的潜力，如近 1 亿人的市场规模、不断上升的中产阶级、年轻人口等。

越南信息通信部决定，必须首先在迫切需要的领域开发数字平台。具体而言，信息通信部部长指出，如远程学习、远程健康检查和治疗、在线工作、视频会议、远程会计服务、电子新闻平台、网络安全等领域的国内平台必须蓬勃发展，并将越南用户的数据保存在越南国内。根据《面向

---

① Ministry of Information and Communication and Vietnam Association for Information Processing, “Vietnam ICT Index 2016”, http://www.vaip.org.vn/download/2017/Bao%20cao%20VN%20ICT%20Index%202016_cong%20bo_ban%20day%20du_final-22032017.pdf，登录时间：2020 年 8 月 26 日。

② Hoai Anh and Huu Tuc, “Many Opportunities for Trade on Digital platforms in Vietnam”, *Custom News*, 2019, https://customsnews.vn/many-opportunities-for-trade-on-digital-platforms-in-vietnam-10198.html，登录时间：2020 年 9 月 13 日。

③ “Promoting Digital Transformation in Vietnam”, *Da Nang*, August 9, 2020, https://baodanang.vn/khcn/202008/phat-trien-nen-tang-so-make-in-vietnam-thuc-day-nhanh-chuyen-doi-so-3604941/，登录时间：2020 年 8 月 26 日。

2030 年、到 2025 年国家数字转型规划》，各级政府部门将开展支持数字平台发展的相关工作。

新冠肺炎疫情确实加速了数字基础设施和平台的发展。自 2020 年 4 月以来，越南信息通信部不断推出“越南制造”平台。例如，从事远程医疗和在线教学的人员不仅在应对新冠肺炎方面贡献突出，而且在缓解医院超负荷工作方面也发挥了重要作用。面向企业的云计算平台已经启动。Stringee 是越南最新的一款允许企业通过现有移动应用程序（或网站）与客户交流而无须使用第三方应用程序的产品。同样，国家支付支持门户网站 PayGov 也已投入运营，这是一个促进公共服务在线支付的新平台。这有助于减少成本、缩短耗时，并防止腐败。

Stringee 平台首席执行官范玉辉（Dau Ngoc Huy）先生在评估越南制造平台的发展时指出，数字平台从过去到现在的发展使越南企业完全有能力掌握技术，通过提供新功能、数据安全和节省成本等更多附加值，与类似的国际平台竞争。此外，可以将越南的文化特色整合到新的平台中，使其对越南用户更加友好和方便。

（三）开发互联网基础设施

越南致力于在全国范围内实现通用宽带连接覆盖。第一个通用服务计划在 2005—2010 年实施，总投资超过 5 万亿越南盾（第 74/2006/QD-TTg 号决定）。2015 年越南发布《到 2020 年提供公共电信服务方案》，并于 2018 年根据第 868/QD-TTg 号决定对其进行修订。该方案计划投资 7.3 万亿越南盾用于建设全国宽带基础设施，以偏远地区、贫困地区、边境地区和岛屿为重点建设区域。该方案的主要目标是为越南 99% 的通电社区提供宽带连接服务，其中一个关键部分是计划在 2021 年推出 5G 服务。[1]

（四）人力资源与研发

越南的目标是提高劳动力的素质。2005 年至 2017 年，国家教育预算

---

① Onishi, “Vietnam's Viettel to Roll out 5G Service in 2021”, *Nikkei Asian Review*, December 5, 2018, https://asia.nikkei.com/Business/Companies/Vietnam-s-Viettel-to-roll-out-5G-service-in-2021，登录时间：2020 年 8 月 26 日。

支出比重从 11% 提高到 15% 左右。① 16/CT-TTg 指令明确指出，人力资源是实现数字化转型的基础。该指令强调必须改变教育和职业培训的政策、内容和方法，以便培养能够适应新技术生产趋势的劳动力，包括着重促进科学、技术、工程和数学（STEM）、外语能力的培训；促进高等教育和职业培训的自主权；在一定范围内实施职业培训和高等教育试点规定。

第 16 号指令指派了两个部门——教育和培训部以及劳动、残疾人和社会事务部负责开发人力资源，开展几项培养科学、技术、工程和数学技能的活动。例如，通过与微软的公私伙伴关系，这些部门增加了数字技能培训，创建了新的信息通信技术课程，并促进了农村学生和少数民族的数字融入。2019 年被视为科技部牵头实施数字化知识体系发展计划有里程碑意义的年份。

（五）推动创新和数字生态

越南政府在将创新（包括数字经济的发展）与不断增长的创造力联系起来方面做了诸多努力，采取了一系列促进研发的政策。例如，第 95/2014/ND-CP 号法令要求国有企业将总收入的 3%—10% 投入研发活动。②然而，越南的科学技术支出仍然很低（2017 年占国家总预算的 0.8%），并且正在下降（2005 年为 1%）。越南还通过多个机构实施各种项目来培育创业和创新生态系统。这些机构包括国家技术、创业和商业化发展机构（NATECD）、国家技术创新基金（NATIF）、Hoalac 科技服务中心和西贡硅城中心。国家通过 2019 年第 1 号和第 2 号决议，决定建设以企业为中心的国家创新中心和国家创业中心，以改善国家营商环境和提高国家竞争力。

除了企业级的项目，政府还致力于各种行业数字化项目。在截至 2020 年的国家技术发展计划中，包括农业、医疗保健、安全和国防在内的各个行业都在采用数字技术。越南政府认识到改革和数字化的重要性，于 2018 年根据第 1072/2018/QDTTg 号决定成立了国家电子政府委员会，委员会负责研究提出促进电子政务建设和发展的战略、机制和政策，营

---

① General Statistic Office of Vietnam, *National Account 2017*, Hanoi: General Statistic Office of Vietnam, 2017.

② General Statistic Office of Vietnam, *National Account 2017*, Hanoi: General Statistic Office of Vietnam, 2017.

造促进电子政务建设和发展的法律环境，推动第四次工业革命在越南的实施。

（六）网络安全和数据法规

越南的网络安全受到两个主要法律框架的管辖：信息安全法（法律编号 86/2015/QH13）和网络安全法（法律编号 24/2018/QH14）。网络安全法适用于在越南提供电信网络服务或增值数字服务的国内外公司。越南境内收集、分析、处理或利用用户个人信息和/或数据的公司必须在越南设立分公司或代表处。此外，该法还规定了某些类型数据的本地化、网络安全审计、处理非法内容和保护儿童等条款。越南政府还通过应急响应计划帮助确保网络安全（第 05/2017/QD-TTg 号决定）。应急响应计划由国家信息安全指导委员会制定，然后由信息通信部通过和实施。信息通信部在国家网络信息安全事件响应网络的协助下实施了应急响应计划。国家网络信息安全事件响应网络包括各种国家机构（如越南计算机应急响应小组）和一系列相关部门（如电信、金融）的私营公司。

（七）税收

数字化给越南的税收系统带来了新的挑战，其中包括但不限于共享经济等新商业模式导致的税基侵蚀、数字市场和电子商务平台的出现以及数据利用等新收入来源的出现。和其他许多国家一样，越南正试图对数字交易征税。例如，2017 年发布的官方公文 848/BTC-TCT 要求在越南提供在线预订服务的外国公司（如 Agoda. com、Traveloka. com、Booking. com）在与越南住宿机构（酒店、旅馆等）签订合同时缴纳所得税和增值税，并要求这些机构代表外国承包商申报和纳税。

四　中国—东盟数字平台合作建议

根据越南数字平台发展政策的经验，本文为中国与东盟数字平台的持续发展与合作提出以下建议：

要使教育利益攸关者，特别是公众和青年了解数字平台和服务的好处。私营部门应向政府通报最新的创新，并与政府开展合作，以创造经济和社会效益；公共部门应对潜在的电子商务使用者普及电商知识，让他们了解电子商务的好处。

鼓励政府和私营部门开展合作。随着技术的进步，公共和私营部门必须加强相互交流和合作，讨论当前和新出现的问题和机遇。

提高数字普及率。为了让民众充分受益于互联网经济，应将高速宽带服务覆盖到所有人群。

支持东盟中小企业上网。作为东盟各国经济增长的主要引擎，中小企业需要得到更多支持，以实现线上和跨境业务拓展。民营企业可以发挥重要作用。

支持帮助经济表现好的技术供应商。鉴于该地区的吸引力和经济构成，在一些国家，旅游业对国内生产总值的贡献越来越大，电子商务和电子旅游服务供应商在东盟的价值尤其突出。

支持数字经济计划。所有利益相关者应在最高层面支持前瞻性数字经济战略的开发和实施。

Vietnam's Perspectives and Policies towards Promoting Sustainable Development of Digital Platform

Nguyen Dinh Sach

Abstract Digital platforms, as well as platform ecosystems which are formed by them and are capable of modernizing entire industries and various types of socio-economic activity, are becoming drivers of innovation, economic growth and competition. Recognizing the great potential to growth and development, the Vietnamese Government is seeing the development and utilization of digital platforms and digital economy as new drivers for modernizing its economy, especially in bringing the country into a higher-income country. By discussing the development of digital platforms in Vietnam, this paper explores Vietnam's perspectives and policies towards promoting sustainable development of digital platforms. Based on the experience of Vietnam's policy toward developing digital platforms, the paper puts forward some suggestions for sustaining the development and cooperation between ASEAN and China on digital platforms.

Key Words Digital Platforms; Sustainable Development; Vietnam

Author Nguyen Dinh Sach, Institute for Foreign Policy and Strategic Studies Diplomatic Academy of Vietnam, Research Fellow.

中国—东盟医疗器械跨境电商合作的路径与目标

李安渝

【摘要】本文通过分析新冠肺炎疫情期间个人防疫物资的网络跨境销售中出现的各种问题，提出各国在跨境电商的市场监管与医疗器械的产品监管的政策、流程和标准差异使得医疗器械跨境电商在本次疫情中没有发挥应有的潜力。鉴于中国与东盟有不断增长的贸易往来，同时也都是发展中经济体，应该在医疗器械跨境电商领域展开密切合作，共同应对今后可能发生的公共卫生事件。为此，本文提出了4个优先工作领域和相应的实施路径，希望通过这些工作的开展，促进中国—东盟在数字经济、医疗器械、监管科学等领域的密切合作，为中国—东盟电子商务市场一体化奠定基础。同时，本文也指出监管协同可以作为中国—东盟深化合作，提高贸易质量的重要抓手，为国际社会继续推进和谐的多边贸易关系和新型全球化进程提供重要示范。

【关键词】跨境电商 医疗器械 监管协同

【作者简介】李安渝，四川大学医疗器械监管科学研究院，教授。

一 背景和意义

新冠肺炎疫情全球蔓延，在给人类造成重大损失的同时，也凸显了体外诊断试剂（IVD）和外膜肺氧合（ECMO）等各种应急医疗器械在各国间流通困难但需求缺口巨大的问题。本次新冠肺炎疫情期间，中国率先控制住疫情并恢复了抗疫产品的生产，本应该成为全球重要的供应商，但由于各国医疗产品监管部门的不同规则和标准，以及跨境交易和支付的困难，严重延误了产品的交付从而影响初期疫情的有效控制。疫情期间防疫医疗器械的高效流通关乎各国人民的健康和生命安全，是技术、管理、道德方面的重大问题。

二　中国—东盟电商贸易潜力巨大

中国和东盟是重要的贸易伙伴，中国医疗器械以高性价比和技术先进性获得东盟各国医疗机构和人民群众的高度评价。然而由于东盟国家的医疗产品监管大多数采用美国或日本的体制和标准，中国医疗器械产品往往要先获得美国食品药品监督管理局（FDA）认证才能进入东盟市场，这不仅提高了产品的成本还在时间上造成延误，因此中国与东盟国家之间亟待建立与贸易额相应的医疗器械监管协同机制，加强协同处理区域公共卫生安全的能力，提高双方在各类医疗器械跨境流通方面的供给能力。中国东盟医疗器械监管协同将有助于推动中国—东盟监管机构在医疗器械审批、监管工作中的全面协同和对接，为医疗器械在中国和东盟各国间自由流通奠定坚实基础。

在过去十年，传统贸易与电商结合的最大成果是跨境电子商务急剧发展成为国际贸易的重要部分。跨境电商通过线上互联网技术搜寻和线下物流配送，可以使本国（外国）生产厂商直接将零售消费商品出售给外国（本国）个人消费者，电子商务已成为人们日常生活不可或缺的部分。在中国—东盟医疗器械贸易领域，跨境电商正成为新增长点与未来发展方向。中国与东盟之间已具有较好的贸易和投资合作基础，随着互联网技术的不断发展，电商贸易已经成为中国—东盟贸易的重要部分。2019 年的中国—东盟外长会将 2020 年确定为中国—东盟数字经济合作年，并决定双方将拓展在电子商务、科技创新、5G 网络、智慧城市等领域的合作。2020 年新冠肺炎疫情在全球范围内暴发使国际社会人员交往方式发生重大变化，给国际贸易带来了新的挑战，线上跨境交易成为国际贸易的重要选择。

中国的电子商务发展处于世界前列，具备与东盟务实合作的基础。中国电子商务发展呈现四个特点：引领数字经济，壮大发展动能；促进全面开放，拓展全球协作；推动深化改革，优化规制环境；助力乡村振兴，缩减城乡差距。中国在2017年实物商品网上零售对社会消费品零售总额增长的贡献率达37.9%，在创新发展方面，大数据、云计算、人工智能、虚拟现实等数字技术为电子商务创造了丰富的应用场景，不断催生新营销模式和商业业态。在市场规制方面，各国在电商立法方面均取得进展，中国于2018年正式发布了《电子商务法》。中国在电子商务与物流快递协同发展上取得新经验，各试点城市在优化快递车辆管理制度、快递末端服务创新等方面取得突出成效。同时商务大数据建设取得重要进展，覆盖主要平台、主要领域的电子商务统计分析和运行监测体系初步形成。中国有许多电子商务、现代物流与数字支付方面的经验可以与东盟各国分享，共同构筑区域电子商务统一市场。

三　新冠肺炎疫情暴露医疗器械跨境电商短板

新冠肺炎疫情冲击传统贸易模式从而促使跨境电商成为重要贸易手段。在疫情防控期间，电子商务保障居民的日常生活，成为商品零售的重要渠道；医疗器械电商是包括口罩、洗手液等个人卫生防护产品的重要分销渠道，发挥了高效分配应急防疫产品的重要作用。跨境电商本应作为区域各国间应急防疫产品高效分配和流通的平台，并可以根据各国防疫形势合理地分配应急防护产品，但因为各国的电商市场监管政策不同，跨境支付的困难、物流标准的差异大大地降低了跨境电商的应用效率。各国对电商市场监管的不同不但加大了电商平台的运营成本，也提高了平台上百万计的中小网商的合规门槛，同时使得跨境电子商务运营更加困难。例如，在无条件退货的消费者保护政策上，各国的不同使得跨境消费者、网商、平台均受到很大的影响。跨境支付更是另一个重要的跨境交易障碍，要求平台提供具有汇率结算能力的支付工具，这对中小平台厂商是个高成本和费时的环节。跨境物流由于各国不同的标准成本大幅增加，递送时间也因此大大延长。各国间不同政策、标准和汇率使得跨境电商的效率无法发挥其应有的潜力。

另外，科学监管是对医疗器械安全有效的基本保障，是维护电商业者开展医疗器械诚信交易的法治基础，然而各国间的监管差异提高了跨境医疗器械产品的流通门槛，也降低了医疗产品分配的效率，这个现象在疫情期间尤为显著。随着医疗器械贸易全球化程度越来越高，各国的医疗器械标准和监管模式的差异加大了医疗器械贸易的非关税贸易壁垒，导致传统医疗器械监管模式在遇到重大公共卫生安全事件后凸显出诸多内生性问题。由于监管政策的不一致，医疗器械在各国的标准、注册流程、监管办法等均有较大差异，这不仅导致医疗器械的重复注册，影响临床应用，加大各国跨境监管难度，也让产品跨境销售的周期大大延长。本次疫情期间，由于中美采用不同的口罩标准，疫情初期口罩市场非常混乱。后期美国食品药品监督管理局（FDA）和中国国家药监局多次发布公告，力图说明医用产品所要求的标准型号，但仍然没有解决口罩的全球高效流通与分配问题，使得各国开始自己生产，不但延误产品的广泛应用还提高了成本。

因此，中国与东盟各国应该加强在电子商务市场监管和医疗器械产品监管领域的协同，为今后共同解决重大公共卫生事件打好基础。

四　监管协同消除壁垒与障碍

推动中国—东盟医疗器械跨境电商发展的重要前提是在这些领域的协同和合作：产品标准和知识产权、医疗器械监管壁垒、跨境电商交易纠纷解决、电商人才与企业、电商物流标准化、交易货币与清算系统应用。我们建议中国与东盟各国可以在以下方面立即开展务实合作：

1. 建立中国与东盟各国医疗器械监管人员的常态化交流机制，促进中国与东盟各国监管机构在医疗器械监管机制、产品标准以及检验检测方法等方面的相互了解，在区域监管协同推进工作中相互支持。通过加强中国与东盟各国在医疗器械监管政策和实践方面的广泛交流，增进东盟国家对中国医疗器械监管的了解，降低中国—东盟双方在医疗器械贸易中的非关税贸易壁垒。

2. 中国可以帮助东盟国家培养具有国际视野和合作精神的医疗器械监管人才，为推动区域乃至全球监管协同做好人才储备。同时中国和东盟共同推动统一产品标准与跨境知识产权保护的相关立法；完善跨境电商法律法规，建立中国—东盟医疗器械电子商务对接联通机制，共同促进中国和东盟各国在跨境医疗器械电商行业健康有序地良性发展。

3. 电商物流标准化建设。跨境物流有着更强的范围性、国际性要求，虽然跨境物流的发展关乎多国经济，但是同样各国也会对跨境物流发展产生限制影响，如不同国家差异化的物流软硬件环境、物流标准等，所以物流衔接受到更大限制。同时，不同国家的习惯、技术、观念、语言等方面的差异会进一步加大跨境物流发展的难度。另外，跨境物流还会受到关税、成本、距离等直接、间接因素的影响。跨境物流是否能够有效创新关乎跨境电商的发展水平。对此，需立足于协同视角，加强跨境物流与物流网体系、跨境电商、多式联用运输模式的协同发展，进一步提升跨境物流运输水平，为跨境电商进一步发展打下基础。

4. 建设跨境电商交易纠纷解决机制。当前中国将跨境电商消费纠纷处理纳入《消费者权益保护法》中，还没有专门的跨境电子商务消费纠纷解决途径。相比之下，欧美的纠纷解决途径相对多元化。跨境电子商务 ODR 标准化工作是一个系统工程，涉及基础类标准、共享类标准、应用类标准和管理类标准等，涵盖政府管理、平台运行、工作流程、技术协调、第三方机构服务和消费者纠纷处理等多方面。目前各国市场监管部门收到的境外消费者投诉或举报的数量较少，但不代表各国跨境电商平台服务和产品水准较高，有可能因为境外消费者投诉无门。因此，在理论层面（法律地位、涵盖内容等）、实践层面（推行方式、管理体系、产生流程等）和应用层面（市场监管、身份识别、信息共享、信息公示等）综合考虑，构建中国—东盟消费纠纷标准体系与治理结构具有重要意义。

五　工作目标

中国—东盟关系展现出强大的生机与活力，呈现多层次、宽领域、全方位的发展势头，具体表现为关系发展路径“更明”、战略互信水平“更高”、经贸合作增长“更稳”、人文友好交往“更热”、国际地区意涵“更广”。中国与东盟已建立了包括领导人会议、外长会、部长级会议、高官会等在内的较为完善的对话机制，双方友好关系的巩固和民心相通的实施以及东盟内部文化的多元性为中国—东盟关系发展打下了社会基础。站在新的起点上，中国—东盟关系需要百尺竿头，更进一步。在经济贸易方面，东盟与中国经济嵌为一体，双边贸易额保持稳步上升势头，2019 年上半年达 2918.5 亿美元，东盟 10 国（印尼、马来西亚、菲律宾、新加坡、泰国、文莱、越南、老挝、缅甸、柬埔寨）已超越美国成为中国第二大贸易伙伴，中国与东盟的经贸关系取得标志性进展。

中国—东盟通过开展应急医疗器械跨境电商的多边合作，共同探索在国际公共卫生事件中应急医疗器械快速流通合理分配的工作体系，研讨关于“中国—东盟应急医疗器械电子商务对接联通机制建设”的框架、标准、清算、治理等重要问题，扩大与深化双方监管协同、经贸合作、惠及普通民众和广大小微企业。我们希望通过双方的共同努力，在不远的将来实现以下的目标：

1. 中国与东盟 10 国之间建立与贸易额相应的医疗器械监管协同机制，加强协同处理区域公共卫生安全事件的能力，提高双方在各类医疗器械跨境流通领域的供给能力。中国—东盟医疗器械监管协同将有助于推动中国—东盟监管机构在医疗器械审批、监管工作中的全面协同和对接，为医疗器械进入东盟市场奠定坚实基础。

2. 形成区域医疗器械电子商务统一市场。在国际贸易的创新方式引领下，以应急医疗器械跨境电子商务为契机，推进医疗器械监管协同，鼓励中国和东盟各国间网络交易互联互通，完善并优化中国—东盟网络贸易营商环境，推动中国与东盟国际贸易长期持续发展。

3. 通过中国—东盟医疗器械电子商务对接联通机制建设和东盟医疗器械物流基础设施建设满足移动互联网广泛覆盖的需求。目前，马来西亚、印度尼西亚已在 5G 应用方面选用中国技术，东盟其他国家的 5G 发展还有广阔的空间。

4. 助力公共卫生事件响应能力。探索利用中国—东盟跨境电商统一市场，采用数字货币等多种现代技术的跨境支付，以及借助移动互联网的广泛覆盖，提高应急防疫物质的区域分配能力，让中国及东盟各国在抗疫行动中相互配合，共同努力，构筑区域性抗疫共同体，为世界防疫抗疫工作做出贡献。

5. 帮助东盟缩减城乡差距。电子商务发展可以带动东盟国家的贫困地区的小微企业发展，推动小微企业进入大市场，从而起到对偏僻乡村产业的带动效应，惠及东盟地区的广大人民。在后疫情世界，跨境电商是推动数字开放经济最重要的载体和模式。中国—东盟电子商务对接联通机制建设的目标就是顺应大环境变化推动经济发展、深化中国与东盟的经济合作，进而为《区域全面经济伙伴关系协定》（RCEP）建立电子商务统一市场做好准备。中国可以邀请东盟十国专家学者、政府主管部门官员、业界人士以及其他国家的世界级资深专家召开专题会议，开展关于“中国—东盟应急医疗器械电子商务对接联通机制建设”的顶层设计、基本框架、实现路径、公共政策、治理方式等的系统研讨，提出多方可接受、可实施、可操作的解决方案和建议。

The Paths and Objectives of China-ASEAN Cross-Border E-Commerce Cooperation in Medical Devices

Li Anyu

Abstract This paper investigates various problems related to the online distribution of PPE (Personal Protection Equipment) during this pandemic and suggests that the regulatory differences in the e-commerce market supervision and medical device regulation lead to the unimpressive results of cross-border e-commerce of PPE. Given China and ASEAN countries enjoy rapid growth of bilateral trade activities, and the fact that both are belong to the developing countries, China-ASEAN can work together more efficiently to fight the future pandemics, by cooperating deeply in the cross-border e-commerce of medical devices. This report suggests four priority work areas and implementation measures, aiming to establish the above-mentioned cooperation. These work areas will encourage the close communication and harmonization of China-ASEAN in digital economy, medical devices and regulatory science, and thus promote the convergence of e-commerce marketplace across the region. This report also suggests regulatory harmonization can be an import pivotal to deepen the cooperation between China-ASEAN, increase the quality of trade activities and provide a good example of mutually beneficial multilateralism and globalization.

Key Words Cross-Border E-Commerce, Medical Device, Regulation Harmonization

Authors Li Anyu, Institute of Regulatory Science for Medical Devices of Sichuan University, Professor.

展望缅甸工业4.0，迈向数字化转型升级

[缅甸] 吞都拉特（著） 陈园园（译）*

【摘要】第四次工业革命和伴随而来的指数发展型技术给缅甸带来了巨大的机遇和挑战。缅甸工业4.0的愿景是通过利用现代技术努力为缅甸人民创造一个社会经济繁荣的未来。为此，缅甸需要加大资金支持，提高进入国际市场和获取技术的能力，完善竞争性基础设施，营造有利的监管环境，提高人力资本竞争力，对创新进行大量投资。要顺应数字化转型和创新发展趋势，提高根据市场动向和技术发展趋势进行转型的能力，集中发展国家优先事项和重点产业集群，同时将工业4.0与国家、区域和全球的发展规划对接。

【关键词】第四次工业革命　数字化　创新　缅甸

【作者简介】吞都拉特（Tun Thura Thet），缅甸计算机协会，副会长、博士。

一　引言

缅甸拥有得天独厚的自然资源，地理位置优越，人口相对年轻。近年来，缅甸在实现贸易自由化、吸引外国直接投资、通信技术和经济发展等领域取得重大进展。缅甸是东盟中经济增长最快的国家之一，即使在新冠肺炎疫情期间，它仍然是实现国内生产总值正增长的少数几个国家之一。后疫情时期，缅甸的增长率预期仍然乐观，对外国投资的吸引力丝毫未减，前景充满希望。然而，尽管缅甸工业对国内生产总值的贡献率为

* 陈园园，广西大学国际学院《中国—东盟研究》编辑部，责任编辑。

36%，但该国工业作为增值、出口和就业来源的能力仍然不足。第四次工业革命和伴随而来的指数发展型技术不仅给缅甸，而且给所有国家带来了巨大的机遇和挑战。未来全球政治、社会和经济的几大发展趋势尤其值得关注。

首先，中美贸易紧张局势极大地改变了全球地缘政治的稳定局面，全球供应链和价值链受到冲击，全球生产中心有可能从大型集中的供应基地发展为更加分散的生产和供应模式，中国作为世界工厂的中心地位有可能发生变化。如果能够完善必要的基础设施，缅甸有可能迎来大好发展时机。

其次，新型冠状病毒的全球传播给世界各国的社会和经济带来了前所未有的挑战。为遏制病毒快速广泛传播，全球范围内实施了封锁、旅行禁令、社交距离控制和其他医疗预防措施，因而失业率和就业不足率屡创新高，企业纷纷倒闭，产品销量出现断崖式下跌。各国政府实施了空前的救援和支持计划，但鉴于疫情造成的破坏和影响，后疫情时代的世界经济可持续发展将面临严峻挑战。经济复苏对于所有国家而言都困难重重，而那些生产率高和技术能力强的经济体将成为后疫情时代的赢家。

再次，科学技术正以人类史以及现代史上前所未见的速度不断进步。得益于技术成熟度提高、技术壁垒下降以及成本效益和连通性的强化，人类比以往任何时候都更加容易获得、购买和应用这些技术。人工智能、大数据、自动化、机器人和物联网等技术不仅改变了制造业的竞争格局，也改变了农业等传统领域的竞争格局。这些新技术将打破现状，带来一种以技术为基础的运营模式。在这种模式下，应用技术来提高效率和产品质量正在成为常态。

最后，随着越来越多的企业采用高新技术，廉价劳动力的相对竞争优势将逐渐减弱。较高的劳动力质量和生产率将取代低廉劳动力成本成为竞争优势的新来源。

鉴于目前的发展潜力和所面临的挑战，缅甸迫切需要抓住第四次工业革命的发展机遇，以实现以下几个领域的发展：通过技术和创新提高教育、劳动力技能和加强人才培养；提高企业的劳动生产率及竞争力；提高本地产品和服务的附加值，提升在全球价值链中的地位；促进出口的多样化以提高在全球出口市场中的份额；增加国内外投资；推动惠及全国人口的就业和扶贫工作；成为现代进步国家，让国民享受经济繁荣和社会福利。

二　缅甸工业 4.0 概述

缅甸工业 4.0 的愿景是在公平、包容、可持续和创新的原则基础上，通过利用现代技术进步，在关键的经济集群中努力为缅甸人民创造一个社会经济繁荣的未来。

其主要目标是在当前和未来实现包容、公平和可持续的国家经济发展；提升国民劳动技能，为国民创造就业机会，提高人民的生活质量；发展技术嵌入式经济；成为拥有、使用和创新技术的国家。

缅甸工业 4.0 的国家优先事项如下：

（1）瞄准和发展能够对国内生产总值增长做出重大贡献的行业；

（2）在技术相关行业创造大规模、具有包容性、分布广和高技能水平的就业机会；

（3）优先考虑促进出口和替代进口的行业，以实现可持续性增长的目标；

（4）促进中小微企业的包容性发展和创业；

（5）提高生产力和产品附加值；

（6）投资人力资本的技能提升、技能再培训和开发；

（7）发展充满活力的、进步的、可获得的创新和技术生态系统；

（8）创造有利于发展、公平的监管环境；

（9）制定匹配当地资源实况的、具有包容性的区域发展计划。

三　缅甸工业 4.0 的战略促成因素

（一）提供资金支持

应用第四次工业革命的技术对建设富有竞争力的国民经济至关重要。然而，提高技术应用需要政府投入大量的财政资源和企业投资。以下几方面因素对于为缅甸工业 4.0 提供重要资金和打造财政基础必不可少。

首先是需求方，以消费者和企业为主。在消费者方面，缅甸是世界上银行存款人口最少的国家之一，这对于国内储蓄、支出、投资和消费而言是一大限制因素。如果没有一个强大的出口部门，国内消费和支出将成为国内生产总值的主要贡献者。提高银行、金融和信贷服务的覆盖率，可以为传统商务和数字商务提供可持续的国内需求。在企业方面，融资困难是企业面临的主要挑战之一。缅甸应该改革目前的抵押贷款制度，建立新的贷款制度，支持根据项目绩效表现来评估贷款的可行性。这将推动现有的企业和有抱负的企业家创造新的企业，更新产品和服务。

其次是供应方，以投资者、银行和其他融资工具为主。对投资者而言，他们需要一个充满活力和多样化的投资环境，为企业扩张和技术收购提供股权融资；需要激励措施和支持性法规，帮助企业吸引国内和国际投资。对银行而言，需要政府的支持，帮助银行和金融机构提高业务能力，将贷款工具扩展到更广泛的业务领域。因此，需要建立信贷局以及强有力的信贷担保机构和部门。对其他融资工具而言，债券和股票市场以及期货和期权工具的发展将为经济发展作出巨大贡献，并提供多种筹资选择。政府应重点支持和鼓励组建上市公司并帮助其争取在仰光证券交易所上市。

再次是政府方。应以税收抵免、补助金和补贴等激励措施的形式，为希望在技术和创新领域提升业务水平的企业提供支持。这些激励措施将为企业实现创新和现代化提供催化剂。

（二）提高覆盖率

进入市场和获取技术的能力将是缅甸工业 4.0 计划成功的决定性因素。大量缅甸企业需要政府和国际组织提供这方面的支持。

在市场方面，缅甸企业需要具备进入国内和国际市场的能力，才能扩大规模，有效促进国家经济发展和就业。需要支持和激励大型企业和中小微企业之间的国内供应链联系。同时，需要建立包容性强、扶持力度大的政府采购体系，使其成为地方企业发展的强大平台。还应借鉴其他国家对外贸易促进机构的模式，探索进入国际市场的方式方法，以促进出口和扩大全球出口范围。

在技术方面，获取技术一直是所有缅甸企业面临的重大挑战。建立一个能够提供全面、经济和切实可行的获取国内或国际技术的平台，对于缅甸而言将是非常宝贵的国家资产，这将推动缅甸企业在第四次工业革命时代实现飞跃。

（三）完善竞争性基础设施

完善基础设施、提高运营竞争力和改善投资环境，是缅甸实现发展的关键。就缅甸而言，必须在实体基础设施和数字基础设施方面进行重大改进，因为这两者存在相辅相成的关系。

在实体基础设施方面，迫切需要发展公用事业（电力、水力、卫生等）和物流基础设施（公路、铁路、内陆水道、港口、机场、冷链等）。在数字基础设施方面，需要强大的数字基础设施，以实现可靠和安全的第四次工业革命发展。建立全覆盖的、经济适用的移动和互联网连接是缅甸工业 4.0 的基础，它将帮助实现现有业务与技术的结合。此外，还必须建立起强大、包容、经济和易于操作的在线支付系统以及可靠的网络安全协议。

（四）营造有利的监管环境

灵活渐进的监管环境将是缅甸工业 4.0 计划的基石。监管条例应以鼓励应用技术和推广技术为内容和目标。政府本身需要成为技术的使用者，在精神上和行动上鼓励和支持企业采用技术以提高竞争力和自身发展水平。为此，政府需要倡导真正的、密集的和广泛的公私合作机制，以确保关于利益攸关方的规章制度发挥作用并切实可行。一旦制定了法规，还要保证法规公平可靠，确保执法公正，这对于建设公平的竞争环境至关重要。

政府应从体制和财政两方面加强其作为监管者的主要作用。随着科技的快速更新换代，世界各国政府在学习掌握新科技和规范科技环境方面都面临着挑战，缅甸也不例外。政府机构需要充分掌握其监管范围内的先进领域知识，以便及时有效地施行适当的指令。为此，政府机构需要足够的资金，以获得必要的支持和建议。政府机构不仅需要足够的预算支持，还应该能够创收和利用收入补充国内用途，以减轻国家预算的压力，减少工作量，提高工作效率。

（五）提高人力资本竞争力

缺乏具备竞争力的人力资本，缅甸工业 4.0 将难以成功。与大多数其他基础设施不同，人力资本需要几代人的努力才能培育和发展起来。当今世界变化的速度使发展具有竞争力的人力资本的需求变得更加迫切。对人力资本的投资并非成本投入，而是对未来的投资。

在教育方面，现代化先进国家教育体系是所有国家发展议程的核心，对于第四次工业革命而言尤其如此。技术是强大的工具，但归根结底，人类才是决策者，他们将决定应用何种技术以及以何种方式开展竞争。所有缅甸学生都需要学习和掌握那些将决定未来的技术。国家教育系统需要实现新兴技术与市场需求之间的紧密结合，以培养高技能和可上岗就业的劳动力。除了国家教育课程体系以外，还需要私立教育机构通过适当的管理和自主发展加以补充。

在劳动力和人才方面，现有劳动力人群的技能升级和技能再培训工作需要在缅甸的人力资本战略中发挥主导作用。缅甸工人需要能够满足所有技能水平工作的要求，以实现国家创造就业的目标。高技能、充满活力和进步的劳动力和人才库是吸引投资的先决条件。从生产力、就业和投资的角度来看，迫切需要建立充实新兴技术中现有劳动力资源的技能升级和再培训中心和项目，培养技能与行业需求相匹配的劳动力，采用国际标准、技能认证和相互承认协议，这将有助于劳动力的发展和流动。

（六）对创新进行投资

技术是创新的核心，但大规模创新需要强大和包容的生态系统。在技术所有权与价值创造联系日益紧密的时代，缅甸不能满足于充当纯粹的技术购买者，而要成为技术的生产者。

在投资方面，创新始于想法，但需要投资才能转化成为适销对路的产品或服务。随时可获得的资金以及对技术供应中心的投资，将使更多的创新想法得以实现。在激励措施方面，需要采取适当的货币或市场激励措施，以鼓励企业和企业家承担风险，成为技术的创新者、所有者和使用者。在基础设施方面，广泛创新需要必要的促成因素。知识产权的保护和实施以及创新实验室的建立和投资，将是创新得以扎根和发展的关键因素。在包容性方面，一旦创新和技术得到发展，就需要扩大传播和优化获取渠道来造福用户。需要为企业创造机会，鼓励它们将技术进行商业化推广和应用。

四　缅甸工业4.0的使能技术

（一）系统性影响

第四次工业革命的速度、深度、广度给整个组织、行业、经济带来的影响，以及对个人和整个社会变革的系统性影响都有别于以往的工业革命。许多关键技术正在推动工业革命的发展，从开发和创新两方面来看，创新的速度比我们所知道的任何时候都快。计算机硬件、软件和网络的数字技术并不新鲜，但与以往不同的是，其复杂程度前所未见，且相互之间的联系非常紧密，相辅相成。例如，如果没有人工智能，先进的机器人可能不会存在；没有数据分析技术的进步，基因测序也可能不会发生。

这些技术进步的规模和广度，将影响经济、社会和文化变革的程度。研究和理解第四次工业革命对整个经济、企业和社会的潜在影响至关重要。这些技术不仅成为推动因素，也是驱动因素和干扰因素，推动和改变个人、企业、组织乃至国家的运作和变革方式。它们改变了产品和服务的设计、生产、制造、分发、消费、维护和服务方式，以及整个经济体的规划、运营、流程、治理和生态系统。第四次工业革命降低了依赖廉价劳动力发展低成本制造业地区的相对竞争优势，不仅改变了制造业的全球格局，也改变了服务业和其他经济部门的格局。能够顺应数字化转型和创新发展的组织和国家，将具备根据市场动向和技术发展大趋势进行灵活转型的能力，将获得竞争优势，并在很大程度上超过其他全球竞争对手。

（二）关键技术和发展趋势

世界经济论坛的研究及类似研究发现，第四次工业革命背后的关键技术主要涵盖以下领域：人工智能、物联网、大数据和数据分析、移动技术和云技术、网络安全、区块链、增强现实技术、5G 技术、量子计算、先进的机器人技术、3D 打印、自动驾驶车辆、可再生能源和储能、材料科学以及生物技术等。

其中许多技术仍处于初级阶段，但它们已经到达了发展的拐点，因为它们在数字、物理和生物世界的技术融合中相互促进。数字化已经融合到物理和生物两个方面。随着人工智能领域技术的突破和进步，特别是在神经网络和深度学习方面，机器已经通过提高生产力以及重新定义工作和技能要求在多个领域超越了人类。

（三）工业用例

第四次工业革命的实质是创新地应用先进技术，实现跨部门、跨行业的数字化转型。数字化转型和创新在各个领域都得到了见证，不可避免地带来了冲击，不仅冲击发达经济体，也冲击全球的发展中国家和新兴市场。不同领域和场景中的应用案例说明了第四次工业革命将带来无限的可能和机遇。

先进技术在农业科技领域的应用表现为，遥感—卫星成像，精准农业——无人机、灌溉、物联网，食品安全链以及人工肉—合成肉制品；在金融科技领域为，数字银行和移动支付、加密货币、大数据、商务智能仪表盘和分析；在教育科技领域为，统一技术、操作化学习、自然语言处理和线上协作与课堂；在健康科技领域为，人工智能诊断与调查、可移植设备和机器人技术以及生物技术与神经技术；在制造业部门为，编辑制作、医疗保健和消费品中的 3D 打印、数据分析（预防性维护以及超声波技术）；在建筑和基础设施领域为，智能城市以及可再生能源、5G 技术、人工智能、大数据、商务智能、数据分析；在运输领域为，共享经济、无人驾驶汽车；在情报企业和组织领域为，人才管理和开发、人工智能与机器学习；在政府方面，数字技术还可应用于社交参与和情感分析、人工智能与机器学习。

为了形象描述技术进步的影响和强度，世界经济论坛于 2015 年 9 月发布了一份名为“深度转型：技术转折点和社会影响”（Deep Shift——Technology Tipping Points and Societal Impact）的报告，基于对 800 名信息和通信技术部门的高管和专家的调查，阐述了这些技术将在未来 10 年如何对数字化和全球化的世界产生影响。事实上，在短短 5 年内，人们已经发现某些技术发展和创新的速度比该研究最初预期的速度要快。

表 1　到 2025 年可能出现的临界点

序号	临界点	出现机率（%）
1	10% 的人口穿的衣服布料连接到互联网	91.2
2	90% 的人口拥有不受限制的免费储存空间	91.0
3	1 万亿个传感器连接到互联网	89.2
4	美国第一位机器人药剂师	86.5
5	10% 的阅读眼镜连接到互联网	85.5
6	80% 的人在互联网上留下数字痕迹	84.4
7	生产出第一辆 3D 打印车	84.1
8	第一个用大数据源取代人口普查的政府	82.9
9	首款商用植入式手机	81.7
10	5% 的消费品采用 3D 打印	81.1
11	90% 的人使用智能手机	80.7
12	90% 的人口经常上网	78.8
13	无人驾驶汽车占美国道路上所有汽车的 10%	78.2
14	3D 打印肝脏的首次移植	76.4
15	30% 的公司审计由人工智能执行	75.4
16	政府首次通过区块链征税	73.1
17	超过 50% 的互联网流量用于家用电器和设备	69.9
18	在全球范围内，通过汽车共享的出行/旅程比私家车多	67.2
19	第一个人口超过 5 万、没有红绿灯的城市	63.7
20	全球国内生产总值的 10% 基于区块链技术	57.9
21	公司董事会的第一台人工智能机器	45.2

资料来源：世界经济论坛，2015 年。

五　缅甸工业 4.0 的重点产业集群

根据国家优先事项和重点产业集群，缅甸需要有选择地侧重相关技术，为组织、机构、学生、学术界以及劳动人口提供适应数字化转型和创新所需要具备的知识和技能培训。

农业、渔业和畜牧业方面，要发展能够提高生产力和产量的农业技术、生物技术、供应链能力，完善现代数字农业升级培训和供应链基础设施，打造全国性实体商品、数字商品的交易及电子商务平台，建立供食品加工、出口的区域枢纽。

制造业方面，要推动制造技术和创新理念的本地化发展，通过技能培训和技术创新实现增值和价值链发展，让出口替代和进口替代成为国内生产总值和就业率提升的主要贡献者，要成为吸引国内外制造业投资的目的地。

教育方面，教育、劳动力供给要与市场需求紧密结合，营造有利于高等教育机构发展的监管环境，设立高级技能和技能再培训中心、培训机构，出台吸引外国高等教育机构投资的特别政策。

基础设施（智慧城市、建筑和交通）方面，要为重点集群提供吸引投资的基础设施，提高实体和数字连通的质量、范围，以与其他东盟国家相对接；发展建材生产行业，政府要对重点领域大型建设项目加以支持。

健康（健康和社会福利）方面，打造强大的以及经过国家认证的本地和外国医疗保健专业人员队伍，开发和支持药品、医疗器械和设备的生产，实现线下和在线医疗服务的全覆盖，打造医疗旅游中心。

旅游、住宿和服务方面，打造旅游品牌，推动缅甸成为全球旅游目的地，建立充满活力的旅游和酒店生态系统，建设电子旅游人力资源基础设施，实现旅游体验数字化。

数字经济（电子商务、金融科技）方面，要成为一个拥有数字政府、数字国民、数字创新者的国家，使数字商务成为国内生产总值和包容性商业的主要贡献点，向80%的人口提供数字支付系统的服务，建立全国技术创新供应中心。

六　缅甸工业4.0与国家、区域和全球发展规划相对接

缅甸工业4.0与现有和即将出台的法规政策、国家规划以及区域和全球倡议的整合和协调，对于缅甸工业4.0的成功实施至关重要。

在国家级的政策框架方面，缅甸工业4.0直接与缅甸可持续发展规划的三大支柱和五大目标相对接，其中，它与38项战略中的15项战略一致。此外，它还完全符合立法和政策框架：科学、技术和创新法、计算机科学

发展法、缅甸电子政务总体规划、DEDC 路线图、中小微企业发展政策和国家出口战略、NES 等。

在区域范围内，缅甸还设想支持和融入《东盟关于向工业 4.0 转型的宣言》(ASEAN Declaration on Industrial Transformation to Industry 4.0)，特别是以初创企业、中小微企业、电子政务、智慧城市和职业教育为重点，通过在工业 4.0 中采用和创新数字技术，创建繁荣和公平的东盟共同体，以加速经济增长和社会进步。

在全球范围内，缅甸工业 4.0 符合联合国的可持续发展目标，特别是直接支持 17 个全球发展目标中的 10 个，分别为：目标 1——在世界各地消除一切形式的贫困；目标 2——消除饥饿，实现粮食安全、改善营养和促进可持续农业发展；目标 3——确保健康的生活方式、促进各年龄段人群的福祉；目标 4——确保包容、公平的优质教育，促进全民享有终身学习机会；目标 7——确保人人获得可负担、可靠和可持续的现代能源；目标 8——促进持久、包容、可持续的经济增长，实现充分就业和生产性就业，确保人人有体面工作；目标 9——建设有风险抵御能力的基础设施、促进包容的可持续工业发展，并推动创新；目标 10——减少国家内部和国家之间的不平等；目标 11——建设包容、安全、有风险抵御能力和可持续的城市及人类居住区；目标 12——确保可持续消费和生产模式。

Envisioning Digital Myanmar 4.0

Tun Thura Thet

Abstract The Fourth Industrial Revolution and the accompanying exponential technologies that are underway poses great opportunities as well as challenges to Myanmar. Myanmar 4.0 strives to create a prosperous socio-economic future for the people of Myanmar through the use of modern technological advancements. Therefore, Myanmar needs financial support, improve accessibility, competitive infrastructure, conducive regulatory environment, competitive human capital base, and investment in Innovation. Maynmar should embrace digital transformation and innovation, gain competitive advantage and edge over other global competitors in significant means and the ability to transform with flexibility and capacity according to market sentiments and technological mega trends, focus on the development of national priorities and key industrial clusters, and integrate Industry 4. 0 with national, regional and global development plans.

Key Words The Fourth Industrial Revolution; Digital; Innovation; Maynmar

Author Tun Thura Thet, Myanmar Computer Association, Vice Chairman, Ph. D.

国别与区域研究

Country and Regional Studies

未来劳动力在马来西亚的发展趋势

［马来西亚］陈凯文　哈里斯·扎伊努尔（著）　余俊杰（译）*

【摘要】技术变革、经济社会发展以及新冠肺炎疫情的暴发正在重新塑造全球与区域劳动力市场，未来劳动力的发展趋势成为当前的重要议题。本文从劳动力特征、工作体制、产业部门结构及新冠肺炎疫情四个层面就马来西亚未来劳动力的新兴趋势进行了深入分析。继而就以上新兴发展趋势对马来西亚未来劳动力的影响进行了讨论，并提出了相应的政策解决方案。

【关键词】马来西亚　未来劳动力　劳动市场　新冠肺炎疫情

【作者简介】陈凯文（Calvin Cheng），马来西亚战略与国际研究所，研究员；哈里斯·扎伊努尔（Harris Zainul），马来西亚战略与国际研究所，研究员。

一　引言

现代人类历史发展至今，技术创新、全球及区域经济力量及社会政治动荡等因素始终影响和塑造工作的性质。在过去的几十年，技术的飞速发展、社会经济的变迁及近期新冠肺炎疫情的暴发加速了各种因素的变化。在这些因素的影响下，全球范围内对未来的焦虑或许比以往任何时候都严重。

尽管大量的关注和文献都聚焦于未来劳动力议题，但人们对未来劳动力议题的认知仍存在着巨大的不确定性。当前尚未形成被普遍认同的关于

* 余俊杰，广西大学国际学院《中国—东盟研究》编辑部，责任编辑。

未来劳动力的定义和设想，研究人员在与未来劳动力相关的很多关键问题上仍存在争论。[①] 其中，一个关键的争论点是关于技术变革对于全球工作岗位数的总体影响。当前绝大多数研究认为技术变革可能会大幅增加因自动化所导致的失业的人口数量，与此同时潜在地创造出新型工作岗位，但目前大家对于在未来比较长的时间内这种影响是否会进一步加深持不同意见。[②] 总体来说，技术工作岗位减少导致大量技术性失业的情况不会进一步恶化，现有的大部分技术岗位将逐步转型。[③]

马来西亚同样面临着这一紧迫问题。随着经济的不断发展，马来西亚正逐步成长为一个高收入、知识型经济体。然而社会人口及技术性的多重变化正威胁着马来西亚的发展路径。本文将重点讨论即将出现的模式及发展趋势，进而讨论这种趋势对马来西亚未来劳动力的影响，并就此提出政策解决方案。

二　未来劳动力在马来西亚的发展趋势

（一）劳动力特征的变化趋势（年龄、受教育程度、性别）

马来西亚劳动力统计数据显示，马来西亚的劳动力正在发生变化。未来二十年内，马来西亚劳动力群体中，老龄化、更高的受教育程度及女性劳动力增加将成为劳动力变化的三大主要趋势。

1. 劳动力的老龄化

与多数国家相同，马来西亚的人口老龄化程度快速加深，马来西亚预计将于 2025—2030 年正式迈入老龄化国家行列。[④] 伴随着人口老龄化趋势，马来西亚劳动力的平均年龄也逐步上升。1989 年，马来西亚全体劳动

---

① Thereza Balliester and Adam Elsheikhi, “The Future of Work: A Literature Review”, *ILO Working Paper*, No. 29, 2018.

② Thereza Balliester and Adam Elsheikhi, “The Future of Work: A Literature Review”, *ILO Working Paper*, No. 29, 2018.

③ OECD, “OECD Employment Outlook——the Future of Work”, https://www.oecd-ilibrary.org/employment/oecd-employment-outlook-2019_9ee00155-en, 25 April, 2019, 登录时间：2020 年 4 月 25 日。

④ Iqtiyani Ulfa Mohd Azamee, Norhanizah Abu Hanit, Nur Layali Mohd Ali Khan and Riyanti Saari, “The Extension of Working Age in Labour Force Analysis: Is Malaysia Ready?” Technical Paper Presentation, 2015.

力中，约有29%的劳动力属于“年轻劳动力”（25岁及以下的劳动力），与此同时，“老年劳动力”（超过54岁的劳动力）的占比仅为6%。[①] 经过30年的发展，2019年，“年轻劳动力”在马来西亚全体劳动力中的占比下滑至18%，而“老年劳动力”的占比上升至8%。若按以上发展趋势推断，受人口及社会经济因素的影响，预计2040年马来西亚超过54岁的“老年劳动力”在全体劳动力中的占比将进一步上升，相反“年轻劳动力”在马来西亚全体劳动力中的占比或继续下滑。2040年，马来西亚的“老年劳动力”在总劳动人数中的占比预计达11%，而“年轻劳动力”的占比预计达13%。（详见图1）

众所周知，老龄人口的不断增加，会在未来几十年中给马来西亚经济发展带来一系列问题，同时对现有养老金与社会保障体系造成巨大压力。大部分国内劳动者年龄超过退休年龄，老年劳动力规模不断扩大，劳动力高龄化不可避免地会逐渐压缩马来西亚的劳动力供给，这同样会对马来西亚未来劳动力造成重要影响。国际案例也佐证了劳动力老龄化会给劳动生产率造成负面影响，以及由于贫困被迫工作的老年非正规劳动力和在专业领域自愿工作的老年劳动力间存在不平等性。

2. 劳动力受教育程度的提高

伴随着马来西亚经济的逐步发展及家庭平均收入的增加，马来西亚的职员在教育上投入的时间不断增加。根据马来西亚劳动力调查数据，1989年，绝大多数马来西亚劳动力（占比达82%）只接受了中等及中等以下教育，全体劳动者中仅有5%和2%的劳动者分别接受了大专非学位教育（包括职业技术教育和宗教教育）及本科教育。2019年的劳动力调查数据显示，马来西亚全体劳动力中大专学历人数大幅上升，其中约有16%的劳动者具有大专非学位学历，14%的劳动者具有本科及本科以上学历。

在现有劳动力发展趋势与行业劳动力需求变化的影响下，更多的马来西亚劳动者在未来将接受更高程度的教育。到2040年，马来西亚没有接受过高等教育的职员人数在全体劳动者中占比预计将下滑至56%，近一半的马来西亚劳动者将接受不同类型的高等教育。具体来说，粗略估计到2040年，马来西亚全体劳动力中近一半接受了大专及以上教育，而拥有大专非

① 1982—2020年马来西亚统计局《劳动力调查》。

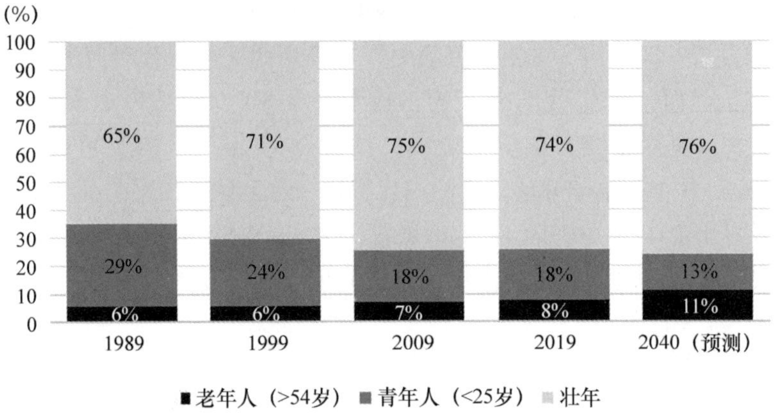

图 1　马来西亚不同年龄段劳动力占比

注：2040 年的数值是基于历史数据的粗略估计。

资料来源：DOSM，作者估测。

学位教育经历的劳动力占比上升至 21%，劳动者中接受本科及本科以上教育的劳动力比例将上升至 23%。

马来西亚未来劳动力不断提升受教育程度，特别是马来西亚大学毕业生人数快速增加，必然会使得大学毕业生供给过剩的问题愈加严重。过去几十年内，马来西亚持有学位的劳动者失业率呈上升趋势。[①] 2019 年，马来西亚劳动力中学位持有人的失业率显著高于持有中等及中等以下教育文凭的劳动者。[②] 从地区来看，在亚洲的高收入经济体中，各国培养出的毕业生人数多于既有的工作岗位数，这也使得韩国与日本的毕业生失业率持续高于非毕业生。[③] 这一现象凸显了劳动力培养到底是选择数量还是质量的问题，使得人们加强对不同劳动力在“软”技能方面存在的差距、劳动市场搜寻方面的矛盾、就业岗位创造路径以及企业不愿对员工进行再培训等问题的关注。

---

① Calvin Cheng and Juita Mohamad, “Youth Unemployment in Malaysia and the Region”, *JEF Japan Spotlight*, January/February 2020 Issue, 2020.

② 这也反映出学位持有人较持有中等及中等以下教育文凭的劳动者的求职时间更长。

③ Yojana Sharma, “Rising Unemployment—Are There too Many Graduates?” *University World News*, 14 February 2014, https://www.universityworldnews.com/post.php?story=20140213153927383，登录时间：2020 年 4 月 25 日。

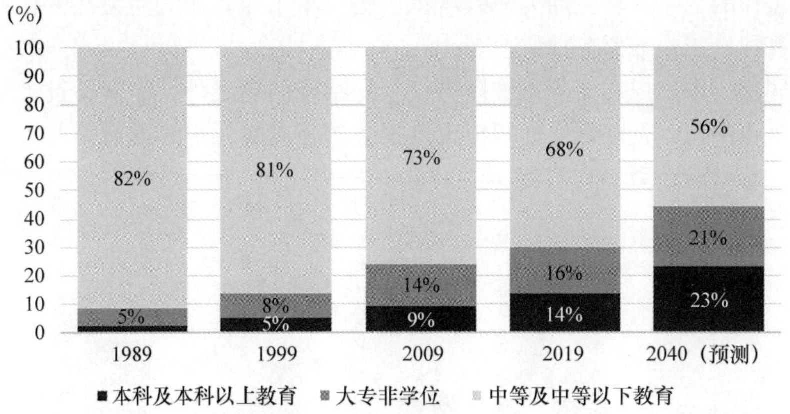

图 2　马来西亚不同受教育程度劳动力占比

注：2040 年的数值是基于历史数据的粗略估计；由于一些数据无法获取，百分比总和可能不等于 100；非学位高等教育包括获得技术和职业证书。

资料来源：DOSM，作者估测。

3. 女性劳动力占比上升

劳动力调查数据显示，过去几十年间，马来西亚达到劳动年龄的女性中仅有不超过一半的女性成为正式劳动力。而且，1989—2010 年，女性劳动力的参与度呈下降趋势。① 然而，这一趋势自 2010 年发生了逆转。2011 年马来西亚的女性劳动力参与度开始稳步上升。2019 年，近 56% 的达到劳动年龄的女性参加工作。与此同时，过去数十年，马来西亚男性的劳动参与度却逐年下降。2019 年，男性劳动力的劳动参与度约达 81%，与三十年前相比下滑了约 5%。

尽管过去十年内女性劳动者的参与度增加，除总量之外，劳动参与度在性别上的差距仍然较大。例如，通过对不同年龄组的对比分析可以发现，女性劳动力参与度较男性波动较大。因为女性更有可能为了承担照顾家庭的职责而离开工作岗位，也更有可能准备退出劳动力市场，而选择一些更为糟糕的“过渡性”工作。② 与此相类似，对国际案例的分析发现，

① Lim, F. Y., “Changes in Employment Structure in Malaysia: The Way Forword”, *Japan Labor Issues*, 2018, pp. 77 – 84.

② Wojciech Hardy, “An Ageing Population Needs Older Workers”, https://blogs.worldbank.org/jobs/ageing-population-needs-older-workers，登录时间：2020 年 4 月 25 日。

仍在工作的老年女性劳动力多数承担一些简单工作，而老年男性劳动者多从事高技能工作或服务性职业。①

同样，未来应在废除系统性男权制度结构问题之外，为女性进入与再回归工作岗位以及降低女性承担无偿家务的强度提供更多的政策支持，这是提高女性劳动力福利的关键。

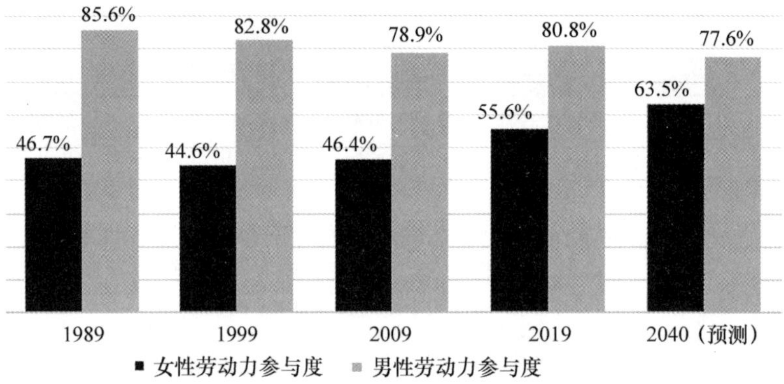

图 3　马来西亚女性劳动力占比

注：2040 年的数值是基于历史数据的粗略估计。

资料来源：DOSM，作者估测。

（二）工作体制的变化（非标准化/非正规就业）

马来西亚的另一个显现的发展趋势是非标准雇佣（NSE）在地区内的盛行，这将重新塑造马来西亚的未来劳动力市场。我们预测未来几十年内，非标准就业将在马来西亚整体劳动力市场的就业中占据较高比重。

目前还没有关于非标准就业的标准定义，这一术语是指区别于传统的雇主与雇员双方关系的全部工作种类。② 国际劳工组织（ILO）定义了四种

① Wojciech Hardy，"An Ageing Population Needs Older Workers"，https：//blogs. worldbank. org/jobs/ageing-population-needs-older-workers，登录时间：2020 年 4 月 25 日。

② ILO，"Non-standard Employment Around the World：Understanding Challenges，Shaping Prospects"，November 2016，http：//ilo. org/global/publications/books/WCMS_ 534326/lang - - en/index. htm，登录时间：2020 年 4 月 25 日；Edward Granter and Stephen Edgell，*The Sociology of Work：Continuity and Change in Paid and Unpaid Work*，Sage，2012。

非标准就业：（1）临时就业；（2）非全日制工作；（3）劳务派遣工作及其他涉及多方的雇佣工作；（4）个体独立经营。根据以上定义，可以清晰地发现非标准就业中非标准的性质决定了很多非标准就业的工作仍未在多数国家得以明确界定。因此非标准就业与正式就业间存在部分的重叠，主要包括非正式自营工作、微小企业中的非正式工作及无薪的家庭工作，[①]还包括如零工和在线外包等非标准化工作。[②]

过去几十年内，在工业化受限、企业成本削减、技术创新、资本全球化、雇主权力强化及劳动力市场制度弱化等诸多因素的影响下，非标准化工作在许多国家进一步增多。[③] 日本就是一个典型案例，经过资产泡沫的破裂和 1985 年广场协议的签订[④]，从 20 世纪 90 年代开始，日本的非标准工业岗位开始增加。日本劳动力统计资料显示，“非正式”工人的比例从 1984 年的 15.3% 增加至 2000 年的 26%，2019 年这一指标甚至高达 38%。[⑤]

在马来西亚，非标准化劳动力通常是指短期工或固定期限合同工，这一类型既非“雇佣合同”（Contract of Service）工，也不是“服务合同”（Contract for Service）工。职员与公司签署了“雇佣合同”后可成为雇员，同时享受《1967 年劳资关系法》等劳动法案规定的劳动保险。而“服务

① Melisa R. Serrano, Mary Leian C. Marasigan and Vera Eileen V. Pupos, “Between Flexibility and Security: The Rise of Non-standard Employment in Selected ASEAN Countries”, ASETUC, 2013, https://ighhub.org/resource/between-flexibility-and-security-rise-non-standard-employment-selected-asean-countries，登录时间：2020 年 4 月 25 日。

② Jon Messenger, “Working Time and the Future of Work”, ILO, November 7, 2018, https://www.ilo.org/global/topics/future-of-work/publications/research-papers/WCMS_649907/lang--en/index.htm，登录时间：2020 年 4 月 25 日；Kuek Siou Chew, Cecilia Maria Paradi-Guilford, Toks Fayomi, Saori Imaizumi and Panos Ipeirotis, “The Global Opportunity in Online Outsourcing”, World Bank, 2015。

③ Melisa R. Serrano, Mary Leian C. Marasigan and Vera Eileen V. Pupos, “Between Flexibility and Security: The Rise of Non-standard Employment in Selected ASEAN Countries”, ASETUC, 2013, https://ighhub.org/resource/between-flexibility-and-security-rise-non-standard-employment-selected-asean-countries，登录时间：2020 年 4 月 25 日。

④ ILO, “Non-standard Employment Around the World: Understanding Challenges, Shaping Prospects”, November 2016, http://ilo.org/global/publications/books/WCMS_534326/lang--en/index.htm，登录时间：2020 年 4 月 25 日；Ansgar Belke & Ulrich Volz, “The Yen Exchange Rate and the Hollowing Out of the Japanese Industry”, *Open Econ omies Review*, 2020, pp. 371-406.

⑤ 根据日本国家统计局多年《劳动力调查》统计数据整理而来。

合同”下的职员则被归类为独立的合同方，不享有劳动法规定的保险权益。[①] 目前关于马来西亚的非标准就业整体水平的官方数据缺乏，非标准就业中的具体子类型的数据显示马来西亚的非标准化就业较为普遍。非正式行业调查显示 2019 年马来西亚约有 126 万名职员（占总劳动力人数的 8%）受雇于非正式行业，而非受雇职员/雇主职员在总劳动力人口中的占比已上升至 22%。[②] 与此同时，最新预估显示约有 4% 的马来西亚劳动力服务于零工经济。[③] 从行业来看，非正规工与零工主要集中于服务行业，主要从事零售业、住宿及餐饮业以及交通服务业中的子行业。

伴随着非标准员工在马来西亚全体劳动力中的比重不断提高，非标准工作的占比在未来有望持续提升。这一变化将影响生产性就业与体面工作，就业者可自由、自愿选择兼职及临时劳动等非标准就业岗位，使得拥有技能的自由职业者从中受益。既有数据显示，很多案例中临时就业及兼职工作大部分都由员工自愿选择。[④] 国际劳动组织发布的报告显示，在很多国家，与标准员工相比，非标准员工的工作时间更长，报酬更低，同时培训机会也更少。[⑤] 而且企业通常不会为非标准员工提供最终过渡成为全日标准员工的“通道”，据预估每年全体非标准员工过渡至全日标准员工的比例为 10%—55%。[⑥] 此外，马来西亚国内早期讨论的多种非标准雇佣关系通常不受劳动法规及社会保障计划（如就业保险计划中的失业保险和公积金中的养老金计划）的保障，使得非标准员工通常未达到合格标准及（或）社会保障门槛，这对马来西亚公积金中养老金体系的可持续性以及低收入/老年人的社会保障体系造成了负面影响。

---

① Donovan & Ho, “Employee or Independent Contractor?” July 26, 2018, https://dnh.com.my/employee-or-independent-contractor/, 登录时间：2020 年 4 月 26 日。

② 马来西亚统计局发布的《劳动力调查》界定非标准员工包括自雇和无酬家务职员。

③ Nurfarahin Harun, Noraliza Mohamad Ali, Nur Layali Mohd Ali Khan, “An Experimental Measure of Malaysia's Gig Workers Using Labour Force Survey”, Statistical Journal of the IAOS, 2020, pp. 1–9.

④ ILO, “Non-standard Employment Around the World: Understanding Challenges, Shaping Prospects”, November 2016, http://ilo.org/global/publications/books/WCMS_534326/lang--en/index.htm, 登录时间：2020 年 4 月 25 日。

⑤ OECD, “Policy Responses to New Forms of Work”, March 2019, http://www.oecd.org/employment/policy-responses-to-new-forms-of-work-0763f1b7-en.htm, 登录时间：2020 年 4 月 25 日。

⑥ ILO, “Non-standard Employment Around the World: Understanding Challenges, Shaping Prospects”, November 2016, http://ilo.org/global/publications/books/WCMS_534326/lang--en/index.htm, 登录时间：2020 年 4 月 25 日。

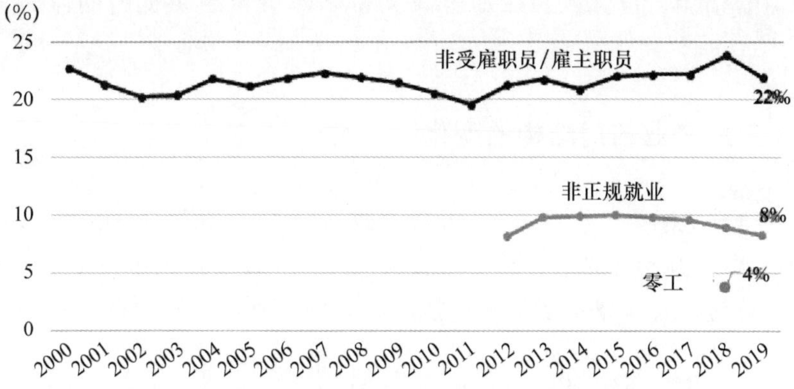

图 4 不同类型的非标准就业占比变化

资料来源：DOSM，Nurfarahin Harun，Noraliza Mohamad Ali，Nur Layali Mohd Ali Khan，"An Experimental Measure of Malaysia's Gig Workers Using Labour Force Survey"，Statistical Journal of the IAOS，2020，pp. 1 – 9.

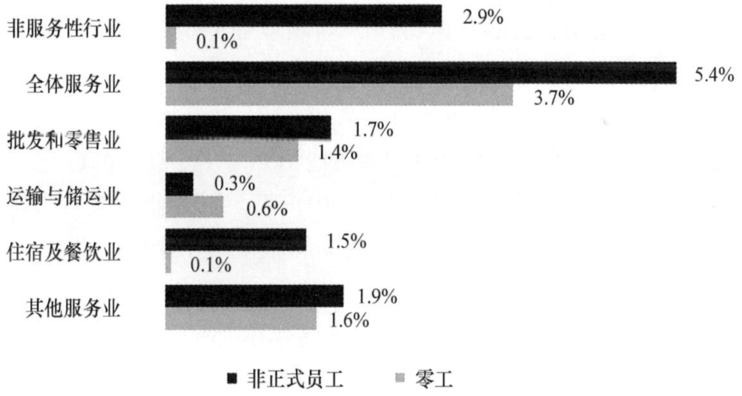

图 5 马来西亚各行业非标准工占比

资料来源：DOSM，Nurfarahin Harun，Noraliza Mohamad Ali，Nur Layali Mohd Ali Khan，"An Experimental Measure of Malaysia's Gig Workers Using Labour Force Survey"，Statistical Journal of the IAOS，2020，pp. 1 – 9.

因此，随着未来非标准雇佣关系的进一步扩展，需要制定更多的政策、制度及监管措施，以保护员工服务及支持国际劳工组织提出的体面工作日程。

（三）产业部门结构的变化

在全球范围内，技术进步以及社会政治变革加速了服务相关行业中就业的增加。[①] 从整体来看，马来西亚未来的行业发展及工作岗位预计将朝着服务业为核心，数字密集和高技能的方向发展，尽管目前还存在诸多挑战。

2019年的全球数据显示，全部工作中超过一半的岗位集中在服务业，服务业就业岗位数在全部工作岗位数中的占比从1991年的34.5%上升至2019年的50%。[②] 马来西亚劳动力统计数据反映出这种变化：三十年前的1989年，服务业雇员占全体雇员的46%，但到2009年，这一比例达到59%，2019年则达到62%。随着过去几十年服务业雇员的增加，农业及制造业的雇员的占比下降。据预测，到2040年这一趋势还将继续，虽然增速会减缓。到2040年，马来西亚服务业雇员在全体雇员中的比例预计将达70%，同时农业雇员占比将继续减少，而制造业雇员占比与目前的比例相比小幅下滑。

2019年，雇员统计数据显示每年新增的10个工作岗位中，有4个为技能型工作岗位，5个岗位属于半技能型，少于一个岗位为低技能型。[③] 尽管如此，不同行业间还存在不均衡性，2019年，服务业新增的岗位中超过一半为技能型，而制造业和建筑业新增的岗位多属于半技能型。

即使在服务业的子行业中，自动化和技术创新对工作岗位的影响同样不均衡。在马来西亚，未来劳动力岗位快速增加的行业仍主要集中在数据/数字化密集型的服务业，尽管最受影响的职位还是与包括后勤人员及

---

① Christian Viegelahn, "New Trends: The Servicification of Manufacturing, Global Supply Chains and the Labour Market", ILO, 2016.

② World Bank Database, https://data.worldbank.org/indicator/SL.SRV.EMPL.ZS。

③ 马来西亚统计局发布的2019年马来西亚就业统计数据。

餐饮业等在内的中低技能服务业相关。① 领英（LinkedIn）发布的2020年新兴工作报告指出，新增最快的工作岗位主要与大数据、分析及技术相关。② 与此同时，麦肯锡发布的报告指出自动化引发的失业将主要作用于一些常规、可预测及低技能的工作岗位。该报告分析，自动化在未来将减少马来西亚近50%的累计工作时间，到2030年自动化技术将取代450万职员。③

马来西亚的产业结构变化与全球新增工作岗位的发展趋势同步，过去几十年中全球近一半的新增工作岗位在数字密集型行业，而失业多为低数字化行业的从业者。④ 自动化与技术创新对不同工作造成不同影响，这意味着吸纳低技能、高龄及从事常规任务的工人的小企业未来将承受技术发展带来的劳动力变化的最大成本，且不会从集中于高科技产业中新增的数字密集型工作上获益。已经遭受连环打击的低技能及从事常规工作的工人的情况还会因为潜在新增工作集中在一些特定地区而进一步恶化。⑤ 由于缺乏政策举措，这些对未来劳动力影响不一的因素还将继续加速马来西亚的经济和地区发展失衡，并给马来西亚的公平、体面就业带

---

① OECD, "Preparing for the Changing Nature of Work in the Digital Era", March 2019, https://www.oecd.org/going-digital/changing-nature-of-work-in-the-digital-era.pdf, 登录时间：2020年4月25日；HRDF, "Human Capital Report: Future of Jobs in Malaysia", April 2019, https://www.hrdf.com.my/wp-content/uploads/2016/12/05.-issue_Apr01_2019-Human-Capital-Report-Future-of-Jobs-in-Malaysia.pdf, 登录时间：2020年4月25日。

② LinkedIn, "Emerging Jobs Report Malaysia", 2020, https://business.linkedin.com/content/dam/me/business/en-us/talent-solutions/emerging-jobs-report/Linkedin_EJR_MY_final.pdf, 登录时间：2020年5月25日。

③ Ee Huei Koh and Nimal Manuel, "Automation and Adaptability: How Malaysia Can Navigate the Future of Work", McKinsey, February 17, 2020, https://www.mckinsey.com/featured-insights/asia-pacific/automation-and-adaptability-how-malaysia-can-navigate-the-future-of-work, 登录时间：2020年5月25日。

④ OECD, "Preparing for the Changing Nature of Work in the Digital Era", March 2019, https://www.oecd.org/going-digital/changing-nature-of-work-in-the-digital-era.pdf, 登录时间：2020年4月25日。

⑤ Stéphane Sorbe, Peter Gal and Valentine Millot, "Can Productivity Still Grow in Service-based Economies?: Literature Overview and Preliminary Evidence from OECD Countries", OECD Economics Department, December 14, 2018, http://www.oecd.org/officialdocuments/publicdisplaydocumentpdf/?cote=ECO/WKP（2018）79&docLanguage=En, 登录时间：2020年4月25日；Carl Benedikt Frey and Thor Berger, "Did the Computer Revolution Shift the Fortunes of U.S. Cities? Technology Shocks and the Geography of New Jobs", *Regional Science and Urban Economics*, 2016, pp. 38-45。

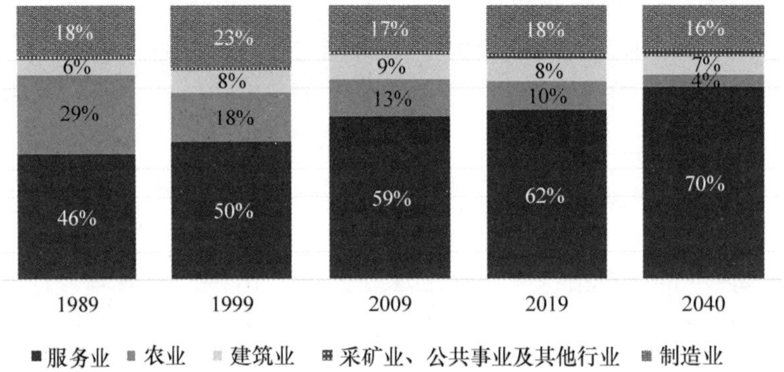

图 6　马来西亚各行业劳动力占比

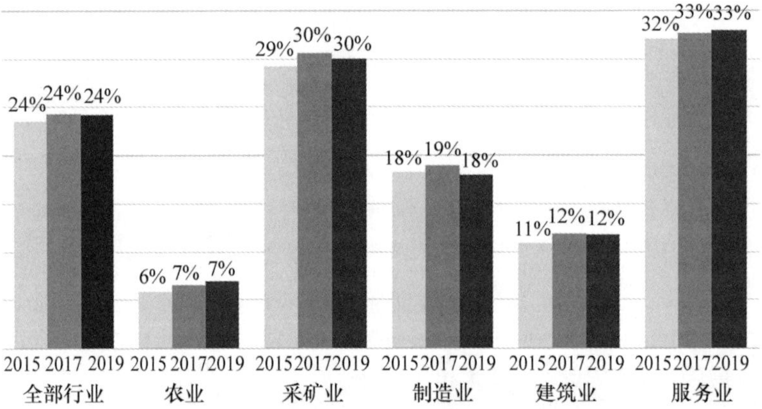

图 7　马来西亚各行业高技能劳动力占比

资料来源：DOSM，作者估算。

来越来越多的挑战。

（四）新冠肺炎疫情对未来劳动力的影响

新冠肺炎疫情的暴发同时冲击着劳动力和产业发展，并使得当前的情况更为复杂。自 2020 年 1 月新冠肺炎疫情暴发后，马来西亚就实施了包括行动管制令（MCO）在内的基础性公共卫生政策。2020 年 3 月 18 日行动管制令的实施，可阻止新冠肺炎疫情在马来西亚扩散，行动管制令便是马来西亚政府设置的疫情防线。

行动管制令使个人行动和经济活动被严格限制，随着过去数月劳动力市场状况的恶化，劳动力市场的萧条程度达到了几十年来的最高点。2020年5月，马来西亚的整体失业率升至5.3%，达到了官方统计以来的最高水平。随着未来数月劳动力市场的继续恶化，失业率可能超过5%。然而，较高的整体失业率仍低估了马来西亚劳动力市场真实的萧条程度。疲软的劳动力市场状况和行动管制令的实施迫使求职者纷纷退出劳动力市场，5月约有700万适龄劳动力被迫失业，致使劳动参与度下滑至两年以来的最低点，仅达68%。

即使行动管制令逐步放松，马来西亚劳动力市场的状况仍未出现较大的改观。相关证据和高频数据显示，2020年第二季度与第三季度马来西亚的劳动力市场状况还将持续恶化。随着封锁措施的进一步放松，马来西亚劳动力市场缓慢复苏，2020年下半年劳动力市场有望小幅趋紧。① 但是，疲软的劳动力市场很大概率还会延续到2021年，劳动力市场状况改善后会吸引更多的职员重返职场。

就业季度调查显示，与上季度相比2020年第一季度的工作岗位数大幅减少，反映出劳动力市场的疲软和商业活动的低迷。2020年第一季度，马来西亚的总就业岗位共减少94900个，反映出就业、工作空缺及新增就业的全面下降。从行业来看，2020年第一季度，除信息通信行业和运输仓储行业之外，经济运行中的全部子行业就业人数都下滑。此外建筑业就业人数下滑最为严重，其次是餐饮和住宿业。

目前，一波接一波的新冠肺炎疫情跨境传播持续需要重视的一个重要问题是确保那些无法进行远程工作但仍需在疫情期间工作的人们不会处于风险之中。因为这些工作岗位上的雇员通常因为无法转向数字化作业而需要现场参与。这可能会潜在地导致一部分在疫情期间仍能工作的雇员与另一部分不能工作的雇员产生隔阂。

与此同时，一些在疫情期间仍被雇用的职员远程工作也是喜忧参半。

① 这一情况取决于马来西亚国内疫情的情况。例如，如果马来西亚每天的新冠肺炎感染病例增加至100例，那么会实行更为严格的行动管制令，劳动力市场也会因此受到影响。参见："Malaysia to Reimpose Lockdown if New Cases Hit Above 100 a Day", *The Straits Times*, July 26, 2020, https://www.straitstimes.com/asia/se-asia/malaysia-says-will-reimpose-lockdown-if-new-cases-hit-above-100-a-day，登录时间：2020年8月20日。

一方面，职员往返工作单位的通勤时间减少可能提高了生产率。① 另一方面，毕马威（KPMG）针对 3022 名调查对象开展的“居家办公革命”调查显示，64% 的调查对象认为居家办公面临多重困难亟须解决，其中包括网络问题（61%）、沟通障碍（14%）以及缺乏技术准备（10%）。尽管如此，69% 的调查对象仍同意居家办公安排延续到行动管制令结束。专家认为疫情带来的工作问题还将继续，解决这些问题或许是维持马来西亚生产率的关键所在。

三 未来劳动力的若干发展路径

（一）提升老年劳动力的劳动参与度

提高老年劳动力的劳动参与度，可部分缓解老龄化导致的劳动力萎缩问题。对老年劳动力而言，促进老年人工作常态化及推广梯度退休计划可有效帮助老年人延长工作年限，一大部分正式雇员都因到退休年龄而被迫离开工作岗位。② 国际案例显示，马来西亚可从逐步提高退休年龄中获益。③ 同时，面向老年劳动力的一系列刺激政策，主要包括岗位分配、终身学习或再培训计划等，都有助于扩充更高龄的就业人群。

（二）提升女性劳动力的劳动参与度

在扩充老年劳动力群体的同时，还应考虑性别方面的状况。据可获取的马来西亚劳动力统计数据，与男性相比，女性不太可能作为劳动力长久地留在劳动力市场，大部分女性都因为无薪的家务而退出职场。此外，相

---

① “Higher Productivity for Some Who Work From Home”, *The Star*, July 6, 2020, https://www.thestar.com.my/news/nation/2020/07/06/higher-productivity-for-some-who-work-from-home，登录时间：2020 年 8 月 20 日。

② Johnson, R. W., “Phased Retirement and Workplace Flexibility for Older Adults: Opportunities and Challenges”, *The ANNALS of the American Academy of Political and Social Science*, 2011, pp. 68 – 85.

③ World Bank, “Malaysia Economic Monitor: Surviving the Storm”, June 2020, https://www.worldbank.org/en/country/malaysia/publication/malaysia-economic-monitor-reports，登录时间：2020 年 7 月 20 日；Cribb, J., Emmerson, C., Tetlow, G., “Signals Matter? Large Retirement Responses to Limited Financial Incentives”, *Labour Economics*, 2016, pp. 203 – 212.

关研究还证实无薪家务给女性带来双重负担。通过最新一季度的劳动力数据可以看出，近期女性的劳动参与度大幅下滑，而导致女性离开工作岗位的主要原因是“家务和家庭”。

因此，提高女性劳动参与度的一个重要方面是废除包括传统的性别角色在内的社会和体制结构系统，同时向男性和专业护理服务方公平地转移家庭护理重担。此外，现有证据表明适度的产假政策配合儿童保育的可获得性及高质量，是提高女性劳动参与度和减轻她们护理重担的关键所在。特别是产假政策方面，需强调父亲参与儿童护理的作用。国际经验表明产假政策可以直接提高父亲参与护理婴儿的时间，以改变父母在养育子女方面的惯例，即父母在护理婴儿方面存在较大差异。①

（三）扩大劳动力权益与保护非标准工

此外，马来西亚已经在非标准工的社会保护方面逐渐加大力度。2017年，马来西亚将工伤计划覆盖了个体拼车司机和出租车司机，为方便个体经营者和非标准工参与社会保障，还启动了自缴退休金计划。然而，2018年，马来西亚有近一半的成年人仍未参与任何养老金计划和退休计划，以及与之相关的社会保障机制，包括就业保险计划中的失业保险和积极劳动市场政策。② 导致这一问题的主要原因是自雇员工数量与正式员工数量间存在的总量差。马来西亚的未来劳动力中，随着非标准工比例继续增加，这一状况将成为亟须解决的迫切问题。

除了将非标准工纳入社会保险和退休储蓄体系以外，将失业保险的受保范围拓展至自雇员工，自雇员工将从中获取巨大效益。相关证据表明，向脆弱的员工群体提供失业津贴，可以大大降低这些员工在失业的状况下陷入贫困的可能性，同时有助于强化员工人的风险承受能力，激发他们的创造性。③ 对于非标准工中的不同子群体，从法律上拓展“雇佣”的定义，

① Dana Wray, “Paternity Leave and Fathers’ Responsibility: Evidence From a Natural Experiment in Canada”, *Journal of Marriage and Family*, 82 (2), 2020, pp. 534 – 549.

② Employees’ Provident Fund, “Social Protection Insight: A Better Tomorrow”, 2018.

③ Johan Hombert, Antoinette Schoar, David Sraer and David Thesmar, “Can Unemployment Insurance Spur Entrepreneurial Activity? Evidence from France”, *The Journal of Finance*, 2020, pp. 1247 – 1285.

可以帮助仍处于法律“灰色地带”的非标准工与正式工一样，获得足够的保障以及参与劳动力市场。[①] 政府应采取更为广泛的举措，以解决雇主与雇员间市场力量的失衡。同时面对雇主拥有买方垄断权利，应进一步加强反垄断机构的权力，并完善雇员的集体谈判机制。

（四）加速后疫情时代下员工与家庭的经济复苏

面对经济冲击，贫困家庭、员工、年轻人、女性与少数族裔通常遭受最严重的打击。新冠肺炎疫情期间失业数据显示，行动管制令实施后，自雇者、年轻劳动力、女性劳动力的确面临着来自劳动力市场的巨大负面影响。[②] 为此，马来西亚颁布一项全新的补充财政刺激政策，主要用于拓展社会保障网络计划，包括就业保险计划（EIS）下的失业保险以及生活援助金计划（BSH）下的现金转移支付计划。同时对马来西亚欠发达地区中即将开工的项目加大支持力度，加速经济复苏。[③] 当自雇者与非标准工被纳入拓展的失业保险计划当中，这些群体可以暂时获得超过6个月的求职期。与之类似，拓展后的生活援助金计划也将为自雇者与非标准工等新群体提供现金转移支付。早期分析认为3月马来西亚补充的国家关怀援助金（BPN）和生活援助金计划的现金转移支付，应为月收入低于2000令吉的家庭提供不少于两个月的预先转移性收入。[④] 总而言之，政府应重点关注

① ILO, “Non-standard Employment Around the World: Understanding Challenges, Shaping Prospects”, November 2016, http://ilo.org/global/publications/books/WCMS_534326/lang--en/index.htm, 登录时间：2020年4月25日。

② Calvin Cheng, “COVID-19 in Malaysia: Economic Impacts & Fiscal Responses”, ISIS Malaysia Policy Brief, March 26, 2020, https://www.isis.org.my/2020/03/26/covid-19-in-malaysia-economic-impacts-fiscal-responses/, 登录时间：2020年5月22日。

③ Calvin Cheng, “We Are Already in a Global Recession: Here’s What To Do”, ISIS Malaysia, May 18, 2020, https://www.malaysiakini.com/columns/526208, 登录时间：2020年5月20日；Bridget Welsh and Calvin Cheng, “On the Unemployed Frontline”, Malaysiakini, April 18, 2020, https://www.isis.org.my/2020/04/18/on-the-unemployed-frontline-malaysias-youth-and-covid-19/, 登录时间：2020年5月22日。

④ Calvin Cheng, “Evaluating the BPN/BSH Cash Transfers in the Prihatin Stimulus Package”, ISIS Malaysia, April 2, 2020, https://www.isis.org.my/2020/04/02/evaluating-the-bpn-bsh-cash-transfers-in-the-%E2%80%8Bprihatin%E2%80%8B-stimulus-package/, 登录时间：2020年5月22日。

通过财政政策直接帮助劳动者和家庭，而不是只重视企业利益，这样才能实现更快且以人为本的经济复苏。

（五）网络基础设施

新冠肺炎疫情的暴发突显了互联网普及率的重要性。然而缺乏与之匹配的网络访问质量，较高的互联网普及率也是没有意义的。在新冠肺炎疫情最严重的阶段，人们在现实生活中进行聚集是不可能的，工作、教育及其他目的的沟通都需要依靠网络服务和产品。马来西亚已经进入落实国家光纤和联通计划（NFCP）的第二年，该计划将于2023年完成，考虑到疫情期间带宽需求的大幅增加，马来西亚政府有必要重视并加快推进该计划。

（六）初等、中等和高等教育改革

为提升未来劳动力的素质，马来西亚需更多地关注不同层级的教育系统。研究表明，一个人的早期儿童教育与其一生的认知和发展有极强的联系。因此在学前教育阶段仍存在的入学问题亟须解决。在初等与中等教育阶段，需在遵循各地实际的基础上开展教育教学大纲改革，以适应未来的技能需求。马来西亚的政策制定者应改进教学法中尚不完善的部分，同时在现有的教学法中强调培养学生的创新能力、批判性思维和解决问题的能力。学生具备了以上这些能力，就不会在未来职场中轻易因为技术问题而失业。①

在高等教育阶段，大学教授的知识与企业所需技能间的不匹配问题亟须解决。世界银行与马来西亚人才机构（Talent Corp）在2014年共同开展的一项调查显示，90%的受访企业认为求职者需要经过更多产业培训，而雇主在招聘过程中面临的主要挑战是81%的求职者缺乏沟通能力。此外，80%的求

① Jae-Hee Chang, Gary Rynhart and Phu Huynh, “ASEAN in Transformation: The Future of Jobs at Risk of Automation”, ILO, July 1, 2016, https://www.ilo.org/actemp/publications/WC-MS_579554/lang--en/index.htm，登录时间：2020年5月25日。

职者则认为大学课程并未反映职场的真实状况。① 若要解决这些问题，私营企业应提供包括学徒、培训及实习等多种机会，同时应在校企间建立一套功能性反馈机制，加强企业需求和高校教学间的沟通。

除此之外，关于职业技术教育与培训（TVET）计划，应进一步简化目前职业技术教育与培训计划在证书、文凭和学位等级方面的过剩项目，同时重点关注一系列高质量的项目。②

（七）终身学习与积极劳动市场政策

为了确保劳动力能在提升技能与再培训方面更好地满足未来产业发展的需求，教育不应只被视为完成学习任务以获得学位、文凭或证书，更需要引导马来西亚人转换思维，将终身学习作为一种习惯。

同时还需激励和鼓励成年人及劳动者继续加强人力资本的积累。目前马来西亚最新的就业保险计划中，关于积极劳动力市场政策（ALMP）下的优先就业部分的详细情况仍未得到全面诠释。特别是当前马来西亚劳动力市场政策的重点是应对技术变革带来的压力，马来西亚更需做出关于持续提升劳动力技能的规划。新加坡的技能创前程计划就是马来西亚的模板，作为新加坡的一项国家战略，技能创前程计划能为不同年龄段且从事不同工作的新加坡人提供再培训、技能提升项目以及职业发展的机会。③

为进一步支持马来西亚将国内劳动生产率提高至发达国家水平的努力，还需强化不同年龄段劳动力的人力资本积累，同时不断提高劳动力的技能水平。为此，应继续强化劳动力市场政策，使其在打造一个全球化水平更高且技术先进的经济体的过程中，通过帮助那些因为不断变化的技能需求而失业的工人再就业，降低调整成本。

---

① Frederico Gil Sander, Daria Taglioni, Claire Hollweg, Gianluca Santoni, Richard Record, Pui Shen Yoong, Mauro Testaverde and Intan Nadia Jalil, "Malaysia Economic Monitor: Boosting Trade Competitiveness", World Bank, June, 2014, https://openknowledge.worldbank.org/handle/10986/19303，登录时间：2020 年 5 月 25 日。

② Calvin Cheng and Dr Juita Mohamad, "A Preliminary Analysis of the Impact of Covid – 19 on the Malaysian Socio-Economy", forthcoming.

③ Future Economy Council, "About SkillsFuture", https://www.skillsfuture.gov.sg/AboutSkills-Future，登录时间：2020 年 5 月 25 日。

四 结语

过去几个世纪的历史发展中，第一次工业革命利用水和蒸汽开始了机器生产，第二次工业革命则使用电力开展更为复杂的生产活动，而第三次工业革命通过电子与信息技术实现自动化生产，工作的性质不断受到技术进步的影响。① 过去几十年间，在全球范围内酝酿的第四次工业革命将基于第三次工业革命进一步转变人们的生产生活方式。然而，除了全球技术变革的影响之外，未来几十年内马来西亚国内社会人口与经济发展的长期趋势将持续塑造马来西亚的未来劳动力。本文根据劳动力统计数据重点分析出以下几种发展趋势：劳动人口变化、工作安排变化、行业变化及新冠肺炎疫情影响，并就这些趋势会在未来几十年内对马来西亚造成的潜在影响进行了分析。

Trends in Malaysia's Future of Work

Calvin Cheng　Harris Zainul

Abstract　Technology change, development of social-economy and outbreak of COVID－19 was reshaping the global and regional workforce market, the trends of future work are becoming the critical issues nowadays. In this paper, we will highlight some of these emerging patterns in Malaysia, including the shifts in workforce characteristics, work arrangements, and industry, industrial sectoral mix, especially the impact of the COVID－19 pandemic. Then we project these trends into the future, discussing their implications for Malaysia's future of work and outlining some potential policy solutions.

Key Words　Malaysia; Future of Work; Labor Market; COVID－19

Authors　Calvin Cheng, Institute of Strategic & International Studies (I-SIS) Malaysia, Research Fellow; Harris Zainul, Institute of Strategic & International Studies (ISIS) Malaysia, Research Fellow.

① Klaus Schwab, "The Fourth Industrial Revolution: What it Means, How to Respond", World Economic Forum, 2016.

罗兴亚难民问题对“一带一路”建设的多维影响及中国的战略应对

朱陆民　常伟鹏

【摘要】罗兴亚人是居住在缅甸若开邦的一个穆斯林族群，但由于身份认同、宗教矛盾和历史纠纷等因素的影响，遭到缅甸主体民族的歧视与打压，进而导致难民问题的爆发，并对中国“一带一路”建设的开展产生了重要影响：为美日印干扰“一带一路”建设提供抓手；阻碍“一带一路”在缅经济合作项目的实施；威胁“一带一路”建设的安全基础。对此，中国应在罗兴亚难民问题上坚持客观、中立的人道主义援助，避免卷入大国间博弈。同时，积极调动国内资源和力量，助推在缅项目的正常建设与运行。此外，也要通过双边、多边合作等渠道，共同应对罗兴亚难民问题带来的安全挑战，为“一带一路”建设保驾护航。

【关键词】罗兴亚难民　“一带一路”　“外溢”效应

【基金项目】国家社科基金项目“美国重返东南亚的同盟战略研究”（14FGJ005），湖南省社科基金项目“美国的印太联盟战略及中国的应对策略研究”（19YBA321）的阶段性研究成果。

【作者简介】朱陆民，湘潭大学碧泉书院·哲学与历史文化学院，副院长，教授，博士生导师；常伟鹏，湘潭大学马克思主义学院，硕士研究生。

一　引言

罗兴亚人是生活在缅甸若开邦（Rakhaing State）的一个少数族群，长期在医疗、就业、教育等各方面备受歧视。罗兴亚难民问题是指由于缅甸政府拒绝承认罗兴亚人的公民身份，并对其歧视、打压和驱逐，最终迫使大量罗兴亚人流亡海外的问题。由于长期悬而未决，罗兴亚难民问题日益引起国际社会的关注。

目前学术界对于罗兴亚难民问题的主要研究成果如下：第一，分析罗兴亚难民问题的产生原因。学者乔巴尔·安拉姆（Jobair Alarm）从历史维度论证了罗兴亚难民问题的缘起及发展过程，认为必须承认罗兴亚人在缅甸存在的历史事实，恢复他们作为少数民族的地位。① 廖春勇、常士訚等学者则从身份认同的角度对罗兴亚难民问题进行了探析，认为原住民地位、公民身份、公民权利等方面诉求长期得不到满足造就了罗兴亚人社群身份认同的一致性，缅甸的“反穆斯林”运动加剧了该群体与佛教社群的疏离感。② 第二，研究罗兴亚难民问题所带来的影响。国内学者许利平系统论述了罗兴亚难民问题对缅甸自身及周边邻国的影响，认为罗兴亚难民问题冲击了缅甸政局、破坏了东盟团结，并威胁着中国在缅利益。③ 马来亚大学苏的伊达·瑙申·帕尼尼（Syeda Naushin Parnini）等人则专门探讨了罗兴亚难民问题对孟缅关系的影响，认为缅甸和孟加拉国之间的关系经常因罗兴亚难民问题而受到破坏。④ 第三，探讨罗兴亚难民问题的解决方案。学者尼赫金保·基普根（Nehginpao Kipgen）认为，民族认同和公民身份问题是罗兴亚难民问题的基础，如果不解决这些核心问题，就有再次发生暴力冲突的危险。⑤ 基普根进一步指出，不应在政治上疏远罗兴亚人，而应通过联合民主的方式解决这个问题；佛教徒和穆斯林的支持与合作，以及联合国等中立组织的协助，将有助于从政治

① Jobair Alarm, “The Current Rohingya Crisis in Myanmar in Historical Perspective”, *Journal of Muslim Minority Affairs*, Vol. 39, No. 1, 2019, pp. 1 – 25.

② 廖春勇、常士訚：《身份认同与社群暴力视阈下的缅甸罗兴亚问题研究》，《世界民族》2017 年第 7 期，第 31—41 页。

③ 许利平：《缅甸罗兴亚人道主义危机及其影响》，《当代世界》2017 年第 10 期，第 58—61 页。

④ Syeda Naushin Parini, Mohammad Redzuan Othman, Amer Saifude Ghazali, “The Rohingya Crisis and Bangladesh-Myanmar Relations”, *Asian and Pacific Migration Journal*, Vol. 22, No. 1, 2013, pp. 133 – 146.

⑤ Nehginpao Kipgen, “The Rohingya Crisis: The Centrality of Identity and Citizenship”, *Journal of Muslim Minority Affairs*, Vol. 39, No. 1, 2019, pp. 61 – 74.

上解决罗兴亚难民问题。①

综上所述，学术界关于罗兴亚难民问题的研究主要是从历史维度和身份认同等角度进行研究，分析了罗兴亚难民问题的产生原因、影响及解决方案。但很少有学者专门探究罗兴亚难民问题和“一带一路”建设二者之间的联系，已有研究多是在分析孟中印缅经济走廊时略微提及罗兴亚难民问题所引发的对“一带一路”建设的挑战。如，学者莫赫德·阿明·卡里姆（Mohd Aminul Karim）等人在分析孟中印缅经济走廊建设在南亚地区的机遇与挑战时，仅在结论部分提到孟加拉国和缅甸之间有关罗兴亚难民问题的紧张关系会进一步阻碍“一带一路”建设的开展，且其论述的重心仍是孟中印缅经济走廊在南亚地区的现状。②

而深入研究罗兴亚难民问题对“一带一路”建设的影响具有重要现实意义。罗兴亚人居住的若开邦是我国“一带一路”在缅建设的重要地区。2017 年 11 月 19 日，中国外交部部长王毅在内比都（Naypyidaw）与缅甸国务资政兼外交部部长昂山素季（Aung San Suu Kyi）共同会见记者时提出，建设从昆明经缅甸曼德勒（Mandalay）再分别延伸至仰光（Yangon）、缅甸西部兰里岛（Ramree Island）北段城镇皎漂（Kyaukpyu）的“人”字形中缅经济走廊，打造三端支撑、三足鼎立的大合作格局。③ 其中，皎漂就位于若开邦北部的兰里岛，距离罗兴亚人的聚居区较近。罗兴亚难民问题的不断发酵，势必会影响到“一带一路”建设的正常进行。因此，研究这一议题有助于为我国“一带一路”建设的进一步实施提供参考意见。

鉴于此，本文试图专门研究罗兴亚难民问题对“一带一路”建设的影响，并在文末提出中国的应对策略。全文主要分为三个部分：第一部分对罗兴亚难民问题的根源及发展演变进行探究，第二部分从大国博弈、合作遇阻和安全受损三个维度分析罗兴亚难民问题对“一带一路”建设的影响；第三部分针对上述影响，提出中国的应对策略。

---

① Nehginpao Kipgen, “Addressing the Rohingya Problem”, *Journal of Asian and African Studies*, Vol. 49, No. 2, 2014, pp. 234 – 247.

② Mohd Aminul Karim and Faria Islam, “Bangladesh-China-India-Myanmar (BCIM) Economic Corridor: Challenges and Prospects”, *The Korean Journal of Defense Analysis*, Vol. 30, No. 2, 2018, pp. 283 – 302.

③ 邹春萌：《中缅经济走廊建设的机遇与挑战》，《世界知识》2018 年第 2 期，第 20—21 页。

二　罗兴亚难民问题的根源及发展演变

罗兴亚难民问题有着复杂的身份认同、宗教矛盾及历史纠纷等方面的原因，并且经过长期发展演变，产生了一系列负面影响。时至今日，罗兴亚难民问题仍未解决，数十万罗兴亚人逃往孟加拉国境内，而留在缅甸的罗兴亚武装分子则不断与缅甸政府爆发冲突。

（一）罗兴亚难民问题的根源

关于罗兴亚难民问题的根源，牵扯到罗兴亚穆斯林与缅族佛教徒之间的相互仇恨问题，涉及身份认同、宗教矛盾和历史纠纷三方面的因素。首先，身份认同是罗兴亚难民问题产生的首要因素。提倡罗兴亚独特身份的人坚持认为，他们的祖先早在 8 世纪或 9 世纪就是若开邦的本地人，应该被承认为缅甸的一个少数民族，并拥有完整的公民身份。[①] 但是，缅甸国内许多人却认为罗兴亚人是从孟加拉国吉大港（Chittagong）迁入的外来人口，并非缅甸土著居民。1948 年缅甸独立后至 1962 年军政府上台之前，罗兴亚人又由于一系列主客观原因错过了入籍机会而成为无国籍群体。[②] 缅甸国内各民族都认同罗兴亚人不属于缅甸的合法民族，加之缅甸政府推行“大缅主义”，民族主义盛行，促使民众越发排斥罗兴亚人。[③]

其次，宗教矛盾也是罗兴亚难民问题产生的重要原因。缅甸是一个以佛教徒为主的国家，85% 以上的国民信奉佛教，而罗兴亚人信奉伊斯兰教。两者在宗教信仰问题上存在差异，因而往往相互敌视，并引发了严重的暴力冲突事件。例如，2012 年缅甸若开邦的佛教徒和罗兴亚穆斯林之间

---

① Jobair Alam, “The Current Rohingya Crisis in Myanmar in Historical Perspective”, *Journal of Muslim Minority Affairs*, Vol. 39, No. 1, 2019, p. 3.

② 廖春勇、常士訚：《身份认同与社群暴力视阈下的缅甸罗兴亚问题研究》，《世界民族》2017 年第 7 期，第 32 页。

③ 钟梅、卢光盛：《傲慢与偏见？——缅甸“罗兴亚人”问题的国际反应》，《南亚研究》2019 年第 2 期，第 103 页。

发生了两波席卷全国的暴力事件。① 在 2018 年 11 月 25 日，佛教僧侣又再次带头举行示威活动，反对从孟加拉国遣返罗兴亚穆斯林的计划，并称罗兴亚人为“失控的难民”。②

此外，历史因素进一步催化了罗兴亚难民问题的产生。在第二次世界大战期间，缅甸若开邦的佛教徒和罗兴亚穆斯林分属于不同阵营，佛教徒倾向于支持日本以抗击英国侵略者，组成了若开爱国武装组织，而罗兴亚穆斯林则倾向于支持英国以制衡当地佛教徒，组成了第五纵队。这两派之间相互仇杀，使得矛盾越来越深。在缅甸脱离英国统治获得独立之后，二者之间的斗争愈发激烈，特别是在缅甸军人专政的数十年时间里，为了赢得主体民族缅族对政权的支持，军政府对罗兴亚人进行了数轮驱逐行动，导致大量罗兴亚难民逃离缅甸。

（二）难民问题的发展演变

1948 年独立时，所有永久居住在缅甸的穆斯林都拥有缅甸公民身份，大多数人获得了身份证。③ 官方曾一度认可罗兴亚人的少数民族地位，在议会和政府机构中都有罗兴亚人任职。1951 年缅甸第一次大选时，在 18 个若开议员中，穆斯林教徒占据 4 席。④ 但是，自 1962 年奈温（Ne Win）上台以来，缅族的民族主义情绪泛滥，罗兴亚难民问题也由此产生并逐渐恶化，主要经历了如下几个演变阶段：

产生阶段（1962—1982 年）：这一阶段的主要特点是仅仅针对性排斥罗兴亚人。罗兴亚人的一些社会和政治组织被大规模解散，缅甸的政府部门停止雇佣罗兴亚人。1978 年，缅甸政府发动了“龙王行动”。这一行动对外宣称是为了在即将进行的全国人口普查之前对人民进行筛查和登记，

---

① AKM Ahsan Ullah and Diotima Chattoraj, “Roots of Discrimination against Rohingya Minorities: Society, Ethnicity and International Relations”, *Intellectual Discourse*, Vol. 26, No. 2, 2018, p. 553.

② “More than 100 hold protest against return of Rohingya Musims”, *New Straits Times*, November 25, 2018, https://www.nst.com.my/world/2018/11/434459/more-100-hold-protest-against-return-rohingya-muslims, 登录时间：2021 年 1 月 11 日。

③ Derek Tonkin, “Rohingya: Breaking the Deadlock”, *The Diplomat*, October 16, 2015, https://thediplomat.com/2015/10/rohingya-breaking-the-deadlock/, 登录时间：2021 年 1 月 11 日。

④ 史晋五：《缅甸少数民族地区的政治经济状况》，世界知识出版社 1960 年版，第 97 页。

以进一步解除该地区罗兴亚爱国阵线成员的武装，但其实质在于驱逐罗兴亚人。[①] 在整个行动期间约有20多万罗兴亚难民逃往邻国，导致第一次大规模罗兴亚难民危机的发生。值得注意的是，尽管有系统性的歧视和排斥政策，但罗兴亚人直到1982年之前都仍然是缅甸公民。[②]

发展阶段（1982—2016年）：这一阶段的主要特点是在法律层面公开否认罗兴亚人的缅甸公民身份。首先，1982年奈温政府颁布了新的《缅甸公民法》，缅甸公民被划分为缅甸公民、客籍公民和准入籍公民三类。[③] 罗兴亚人要成为缅甸公民必须证明其祖先在1823年之前就已经生活在缅甸。虽然罗兴亚人自称8世纪或9世纪就已经来到了若开邦定居，但缅甸政府坚持认为他们是非法移民，而不是缅甸的公民或者国民。[④] 缅甸国内许多人认为罗兴亚人是第一次英缅战争（1824—1826年）后英殖民者从孟加拉国吉大港引入的"殖民帮凶"。因此，这部《缅甸公民法》规定的身份证明时间节点完全可以被看作是为罗兴亚人"量身打造"的，其目的就在于从法律层面彻底否定罗兴亚人的公民身份。其次，2014年缅甸政府进行了几十年以来的首次人口普查，但罗兴亚人被禁止参加。此外，吴登盛（Thein Sein）政府时期曾通过法令允许罗兴亚人享有一定投票权，但随后因佛教徒的抗议又立即取消了这项权利。在这一阶段又爆发了两次大规模罗兴亚难民危机，缅甸当局对罗兴亚人采取的军事行动导致数十万罗兴亚人越过边境，进入孟加拉国境内。

激化阶段（2016年至今）：这一阶段的主要特点是罗兴亚人开始暴力反抗缅甸政府。2016年10月，罗兴亚人激进武装组织"罗兴亚救世军"（ARSA）首次发动了针对缅甸军队和警察的袭击，并造成9名警察死亡。[⑤] 2017年8月25日，"罗兴亚救世军"又对缅甸北若开邦30个缅甸安全部

---

① Yousuf Storai, "Systematic Ethnic Cleansing: The Case Study of Rohinga Community in Myanmar", *Journal of South Asian Studies*, Vol. 5, No. 3, 2017, p. 162.

② AKM Ahsan Ullah and Diotima Chattoraj, "Roots of Discrimination Against Rohingya Minorities: Society, Ethnicity and International Relations", *Intellectual Discourse*, Vol. 26, No. 2, 2018, p. 554.

③ 《缅甸公民法（1982年人民议会第4号法令）》，缅华网，2012年8月19日，http://www.mhwmm.com/Ch/NewsView.Asp?Id=1433，登录时间：2021年1月12日。

④ Yousuf Storai, "Systematic Ethnic Cleansing: The Case Study of Rohinga Community in Myanmar", *Journal of South Asian Studies*, Vol. 5, No. 3, 2017, p. 158.

⑤ "Myanmar: Who are the Arakan Rohingya Salvation Army?" BBC, September 5, 2017, https://www.bbc.com/news/world-asia-41160679，登录时间：2021年1月12日。

队哨所发动攻击，杀死了 12 名安全部队人员。[①] “罗兴亚救世军”的系列暴力袭击事件进一步激化了罗兴亚人和缅甸政府的矛盾，引发了新一轮大规模难民危机。在 2017 年的暴力袭击事件后，缅甸政府将“罗兴亚救世军”定义为恐怖组织，同时借反恐之名驱逐罗兴亚人，致使数十万罗兴亚人逃离缅甸，沦为难民。

因此，罗兴亚难民问题愈演愈烈，难以解决。仅居住在孟加拉国的罗兴亚难民就已经超过了 100 万人，而且还有部分难民通过海路逃往马来西亚和印度尼西亚等东南亚国家。旷日持久的罗兴亚难民问题，对于中国“一带一路”建设的开展产生了重要影响。

三　罗兴亚难民问题对于“一带一路”建设的影响

罗兴亚难民问题加剧了大国间博弈，为美日印干扰、破坏“一带一路”建设提供了重要抓手；加重了经济负担，阻碍“一带一路”在缅经济合作项目实施的进程；恶化了地区局势，威胁“一带一路”建设的安全基础。

（一）为美日印干扰、破坏“一带一路”建设提供抓手

缅甸是连接南亚和东南亚的重要节点国家，地缘位置十分重要，历来是大国激烈争夺的地区。罗兴亚难民问题的爆发，掀起了新一轮大国博弈，美国、日本和印度等域外国家趁机介入，试图扰乱地区局势，减弱中国的地区影响力，增大“一带一路”建设的难度。

1. 美国的干预

自 2010 年中国超越日本成为全球第二大经济体后，奥巴马（Obama）政府提出“重返亚太”战略，企图遏制中国的崛起，把中国围困在第一岛链内。特朗普（Donald Trump）上台执政后，又提出所谓的“印太战略”，把遏制范围从太平洋延伸到印度洋，加紧对中国的围追堵截。罗兴亚难民问题的爆发，为美国的战略实施提供了良好的契机。美国利用罗兴亚难民

① 施爱国：《特朗普政府对缅甸罗兴亚危机的政策》，《美国研究》2019 年第 6 期，第 113 页。

问题在缅甸传播民主和自由价值观的同时，意在平衡中国在缅甸的影响力。①

第一，美国对缅实施制裁，扰乱地区局势，阻碍“一带一路”建设正常开展。由于昂山素季领导的民盟政府上台以来并未像美国所希望的那样远离中国，反而进一步深化中缅关系，极大刺激了美国。所以难民问题爆发后，美国“一边倒”地支持罗兴亚人，在多种场合多次公开批评缅甸政府的行为，并对缅甸进行严厉制裁。例如，美国财政部制裁了 4 名涉嫌参与若开邦“种族清洗”的缅甸军方人员。美国时任参议院军事委员会主席麦凯恩（John McCain）曾表示，他将删去一项授权增加国防开支的法案中有关扩大美国与缅甸军事合作的条款。② 美国的这一系列做法，表面上打着“人权主义”的幌子，维护所谓的“人权”“正义”，实际上趁机干预缅甸内政，破坏地区稳定，增加“一带一路”建设在缅开展的难度。

第二，美国直接歪曲中国在罗兴亚难民问题上的立场，削弱“一带一路”建设开展的政治基础。美国不仅借助罗兴亚难民问题制裁缅甸，扰乱地区局势，甚至直接歪曲中国政府的做法，意图抹黑中国政府的国际形象。在 2018 年 5 月安理会有关缅甸局势的讨论中，美国时任驻联合国大使尼基·黑莉（Nikki Haley）就曾不点名批评中国，污蔑中国出于愤世嫉俗和自私自利的原因阻止安理会采取行动，并破坏安理会调查团在访问孟加拉国和缅甸期间的团结。③ 2018 年 8 月，美国在安理会上再次不点名批评中国，污蔑中国多次试图阻止安理会和全世界了解缅甸罗兴亚人的境况。④ 一方面，美国通过抨击中国，增大中国外交压力，迫使中国减少对缅甸政府的支持，达到挑拨中缅关系的目的，削弱“一带一路”建设在缅开展的

① Achmad Ismail, “Motives and Rivalry of Superpower Countries: The United States and China in Rohingya Humanitarian Crisis”, *Jurnal Hubungan Internasional*, Vol. 7, No. 1, 2018, pp. 115 – 116.

② “John McCain to punish Myanmar in defense bill”, Washington Examiner, September 12, 2017, https://www.washingtonexaminer.com/john-mccain-to-punish-myanmar-in-defense-bill, 登录时间：2019 年 7 月 5 日。

③ 《安全理事会第七十三年第八二五五次会议纪录》，联合国，2018 年 5 月 14 日，https://www.un.org/zh/documents/view_doc.asp?symbol=S/PV.8255，登录时间：2019 年 7 月 5 日。

④ 《安全理事会第七十三年第八三八一次会议纪录》，联合国，2018 年 10 月 24 日，https://www.un.org/zh/documents/view_doc.asp?symbol=S/PV.8381，登录时间：2019 年 7 月 5 日。

政治基础。另一方面，美国也借助在国际场合对中国的批评，丑化中国国际形象，诱导他国拒绝与中国进行“一带一路”建设的合作。

2. 日本的竞争

罗兴亚难民问题爆发后，日本在一定程度上选择支持缅甸政府，并隐性推进“高质量基础设施合作伙伴关系”计划，加强与中国“一带一路”建设的竞争。

第一，日本出于与中国争夺地区影响力的需要，在罗兴亚难民问题上部分划清了与西方国家的界限，转而支持缅甸政府。在罗兴亚难民问题爆发后，日本外交部仅仅谴责了“罗兴亚救世军”对缅甸军队的袭击。2017 年 11 月，日本时任首相安倍晋三（Abe Shinzo）前往菲律宾参加与东盟相关的首脑会议时，借机与昂山素季会面，表达了对缅甸政府的支持。2019 年 1 月，日本时任外务副大臣安倍俊子（Abe Toshiko）访问缅甸，充分肯定缅甸在与联合国合作方面取得的进展。此外，在联合国人权理事会投票要求建立新的国际机制并收集缅甸境内最严重的“国际罪行的证据”时，日本投了弃权票。

第二，日本对缅支持的一大特色是集中于基础设施建设领域，隐性地推行“高质量基础设施合作伙伴关系”计划，加强与中国“一带一路”建设的竞争。日本于 2015 年启动了“高质量基础设施合作伙伴关系”计划，承诺为亚洲基础设施建设提供 1100 亿美元资金。① 这一计划出台的本身就可以被看作日本为了有效对冲“一带一路”建设对日本的影响而采取的行动，其主要内容与“一带一路”建设相似，是重点针对亚洲，但又覆盖全世界的大规模基础设施开发计划。罗兴亚难民问题爆发后，日本方面的相关表态充分显示了其在缅甸推进“高质量基础设施合作伙伴关系”计划的雄心。2018 年 1 月日本外长访缅期间，日本表示为了最大限度地支持缅甸政府的努力，日本除了已宣布的援助外，还将提供新的援助，包括铺路、供电、修建学校等。② 2018 年 8 月昂山素季访日期间，安倍重新表达了对缅甸的支持，表示日本将于 2018 年 11 月底开

① Xue Gong, “The Belt & Road Initiative and China's Influence in Southeast Asia”, *The Pacific Review*, Vol. 32, No. 4, 2019, p. 648.

② “Foregin Minister Kono Visits Myanmar”, Ministry of Foregin Affairs of Japan, January 12, 2018, https://www.mofa.go.jp/s_sa/sea1/mm/page3e_000810.html, 登录时间：2019 年 7 月 6 日。

始在若开邦北部的两个村庄进行基础设施建设，并将帮助缅甸改善整个国家的道路、电力和供水。① 所以日本借助罗兴亚难民问题，隐性地推行“高质量基础设施合作伙伴关系”计划，加强与中国“一带一路”建设在缅甸地区的竞争。

3. 印度的介入

印度原本就对“一带一路”建设充满怀疑和不满，至今尚未与中国签署相关合作文件。印度的分析人士警告印度不要参与“一带一路”建设，认为这有可能破坏印度在南亚的核心作用。② 而印度实际上也在采取各种措施减缓“一带一路”建设的进度。③ 罗兴亚难民问题爆发后，印度利用缅甸的外交困境，加大对缅甸政府的支持，趁机扩大在缅影响力，加强与“一带一路”建设的竞争。外交方面，印度外交部曾发表声明称，印度对缅甸若开邦北部再次发生暴力袭击事件的报道表示严重关切，对缅甸安全部队成员的丧生深感悲痛。④ 此外，仅 2018 年一年时间，印度的外长、外秘和总统先后访问缅甸。如此高密度的访问，本身就展现了印度对缅甸政府的强有力支持。军事方面，2018 年 10 月，印度海岸警卫船到访缅甸。同年 12 月，在有关印度总统访问缅甸的简报中，印度承认了其一直在向缅甸政府提供军事援助，为缅甸军队提供训练名额。

印度的这一系列做法最终也取得了相应成效。一是双方实现了高层互访，深化了印缅关系，为印度下一步加强与东盟的联系奠定了良好的基础。2018 年 1 月，昂山素季在出席第 25 届印度—东盟峰会期间访问了印度，并与莫迪（Modi）举行了会谈。当年年底，印度总统访问缅甸，印缅关系由此迈上新的台阶。二是双方缔结了包括“陆路过境协议”在内的多份协定，加强了印缅合作，为印度“东向行动政策”的成功实施迈出关键一步。特别值得关注的是，印缅两国于 2018 年 10 月签

---

① “Prime Minister Abe Meets with the State Counsellor of Myanmar”, Ministry of Foreign Affairs of Japan, October 9, 2018, https: //www. mofa. go. jp/s_ sa/sea1/mm/page4e_ 000933. html, 登录时间：2019 年 7 月 6 日。

② Jabin T. Jacob, “China's Belt and Road Initiative: Perspectives from India”, *China & World Economy*, Vol. 25, No. 5, 2017, pp. 84 – 85.

③ Jean-Marc F. Blanchard, “Probing China's Twenty-First-Century Maritime Silk Road Initiative (MSRI): An Examination of MSRI Narratives”, *Geopolitics*, Vol. 22, No. 2, 2017, p. 258.

④ “Situation in Rakhine State of Myanmar”, Ministry of External Affairs, Government of India, August 26, 2017, https: //www. mea. gov. in/press-releases. htm? dtl/28892/situation + in + rakhine + state + of + myanmar, 登录时间：2019 年 7 月 9 日。

署了一份谅解备忘录，双方商定将任命一位私营港口运营商，负责运营和维护实兑港。这进一步加强了印度对实兑港的控制权，而实兑港距离皎漂港仅 200 海里，将对中国“一带一路”建设下的皎漂港经济特区项目构成强有力冲击。

综上所述，各大国借助罗兴亚难民问题纷纷染指缅甸，试图削弱中国的地区影响力，阻碍“一带一路”建设的顺利实施，其中的差别只在于各大国所采取的手段不同。美国通过呼吁罗兴亚难民问题的国际化，扰乱地区和平与稳定，并挑拨中缅关系，削弱“一带一路”建设的政治基础。印度和日本则借助罗兴亚难民问题，通过增加对缅支持，伺机强化与中国“一带一路”建设的竞争。

（二）阻碍“一带一路”在缅经济合作项目实施进程

中国“一带一路”建设在缅甸有着众多投资项目和开发计划，但罗兴亚难民问题的爆发，却从国际投资、缅甸负担两方面阻碍了“一带一路”相关项目在缅甸的顺利建设与正常运行。

1. 减弱投资者信心

尽管“一带一路”建设是由中国政府提出的，但其参与主体仍是地方企业。数据显示，2017 年民营企业与“一带一路”沿线国家的进出口总额为 6199.8 亿美元，占中国与“一带一路”沿线国家贸易额的 43%，增速为 12.1%。[①] 所以，地方企业在“一带一路”建设的进展中扮演着重要角色。如果没有企业跟进，“一带一路”建设会失去可持续发展的基础。[②] 但是，商人具有“趋利避害”的天性，不会将资本置于高风险地区。由于若开邦局势的不稳定和其他遗留问题，外国投资直接下降。[③] 许多外国资本纷纷逃离缅甸，原先持观望态度的资本家也逐渐退缩。中国驻缅甸大使馆经济商务参赞处的数据显示，缅甸 2017—2018 财年吸引外资 57.18 亿美

---

① 姜珊：《民企参与“一带一路”建设迎来新机遇》，《中华工商时报》2019 年 4 月 30 日，第 3 版。

② 李向阳：《推动“一带一路”战略需要处理好的六大关系》，《行政管理改革》2015 年第 8 期，第 76 页。

③ Christina Fink, “Myanmar in 2018: The Rohingya Crisis Continues”, *Asian Survey*, Vol. 59, No. 1, 2019, p. 182.

元，比上一财年少了近10亿美元。[①] 罗兴亚难民问题成为国际社会，尤其是西方国家许多人担心投资缅甸有风险的一个重要原因。[②]

具体就中国而言，2017年8月的新一轮罗兴亚难民危机减弱了中国投资者的信心，中国对缅投资因此一度下降，特别是一些中小型企业，根本不愿再对缅甸进行投资。根据中国商务部数据，2018年1—8月，中国对缅新增非金融类投资1.9亿美元，下降44.8%。[③] 中国对缅投资的下降，必将影响“一带一路”建设的正常开展。例如，尽管2018年新签工程承包合同额27.7亿美元，增长39.1%，但完成营业额仅为11.7亿美元，下降27.5%。[④] 当前，若开邦的局势仍不稳定，低等级的暴力冲突事件仍有发生。2019年1月16日，“罗兴亚救世军”袭击了一辆运送边防警察的汽车，造成6名警察受伤。2019年4月22日，“罗兴亚救世军”又再次伏击一辆警车。“罗兴亚救世军”的这些行动招致缅甸政府的军事清除行动，造成大量人员外逃，不仅危害当地安全形势，也损害投资者利益，减弱投资者信心。数据显示，2019年1—9月，中国企业对缅投资1.5亿美元，同比下降23.5%。[⑤] 因此，罗兴亚难民危机所引发的紧张安全局势，制约了“一带一路”建设在缅开展的经济基础。

2. 加重缅甸经济负担

“一带一路”建设的初衷是实现地区共同繁荣，达到共赢的效果。因此，“一带一路”建设在缅甸开展过程中所实施的具体项目也是由中缅双

---

① 《缅甸公布历年吸引外资总额》，中华人民共和国驻缅甸联邦共和国经济商务参赞处，2018年10月30日，http://mm.mofcom.gov.cn/article/jmxw/201810/20181002801036.shtml，登录时间：2019年5月30日。

② Nehginpao Kipgen, “Commentary: Did the Rohingya Crisis Snuff out Foreign Direct Investments in Myanmar?” CNA, February 2, 2019, https://www.channelnewsasia.com/news/commentary/did-rohingya-crisis-snuff-out-foreign-direct-investment-myanmar-11194086，登录时间：2019年7月10日。

③ 《中国—缅甸边贸合作简况》，中华人民共和国商务部，2018年11月21日，http://yzs.mofcom.gov.cn/article/t/201811/20181102808844.shtml，登录时间：2021年1月13日。

④ 《中国—缅甸边贸合作简况》，中华人民共和国商务部，2019年2月2日，http://yzs.mofcom.gov.cn/article/t/201902/20190202833048.shtml，登录时间：2021年1月13日。

⑤ 《2019年1—9月中国—缅甸经贸合作简况》，中华人民共和国商务部，2019年11月27日，http://yzs.mofcom.gov.cn/article/t/201911/20191102917016.shtml，登录时间：2021年1月12日。

方合作进行，而非中国独自运作。根据皎漂港项目的最新进展情况，中方由原来 85% 的股权减持到 70%，缅甸方面则由原来 15% 的股份上升至 30%，但缅甸需要承担部分项目资金。缅甸原本就属于经济欠发达国家，在东盟十国中排名靠后，罗兴亚难民问题进一步制约缅甸经济发展，使其无力负担项目所需资金。难民问题爆发之后，国际社会推迟或终止了对缅甸的援助：世界银行冻结了缅甸的两亿美元预算资金；欧盟正在考虑对缅甸实行贸易制裁；大量外国资本撤离缅甸。缅甸的经济发展受到显著影响。以旅游业为例，旅游业是缅甸近年来大力发展的一项特色产业，在缅甸国民经济收入总值中所占比重越来越大。罗兴亚难民问题给缅甸的旅游业造成强烈冲击，多个国家的外交部和驻缅使领馆网站都发布通知，提醒其国民暂勿赴缅旅游，赴缅旅游人数因安全问题而锐减。2017 年缅甸旅游业收入为 19. 69 亿美元，同比下降 10. 38%。①

受制于罗兴亚难民问题，缅甸不仅经济增长缓慢，且随着孟缅双方达成遣返协议，又需要从有限的财政预算中拿出部分资金，用于难民的遣返安置工作和若开邦的恢复重建工作。这进一步加重了缅甸的经济负担，压缩了缅甸对“一带一路”建设的投入。有学者做过相关估算：从 2019 年 1 月起，每天遣返 300 名罗兴亚人，完成全部遣返所需时间为 11 年，需要资金 63. 48 亿美元。② 这大约相当于缅甸 2016 年国内生产总值的十分之一，这笔支出将会严重影响缅甸经济发展。但是，国际社会未能发挥有效作用，没有给予缅甸有效支持，遣返工作只能依靠缅甸自身力量进行，这对缅甸经济而言是一个沉重的负担。缅甸经济负担的加重，又会直接影响到“一带一路”建设的开展。据媒体报道，皎漂港项目比原计划大幅缩减，由最初修建 10 个泊位调整为 2 个泊位，初期投资额也由最初的 73 亿美元缩减到 13 亿美元。③

综上所述，“一带一路”建设并不是中国单方面的投资活动，而是需要中国与相关国家的双边、多边合作，共同推进项目建设、为项目运营提

① 《缅甸旅游业统计》，CEIC，https：//www. ceicdata. com/zh-hans/myanmar/tourism-statistic，登录时间：2019 年 7 月 12 日。

② Fahmida Khatun and Md Kamruzzaman，“Fiscal Implications of Rohingya Crisis for Bangladesh”，October，2018，https：//cpd. org. bd/wp-content/uploads/2018/11/CPD-Working-Paper-120-Fiscal-Implications-of-Rohingya-Crisis-for-Bangladesh. pdf，登录时间：2019 年 7 月 13 日。

③ 《帮缅方检查投资合同，美插手缅甸中资皎漂港项目?》，环球网，2019 年 4 月 11 日，https：//world. huanqiu. com/article/9CaKrnKjGrO，登录时间：2019 年 7 月 14 日。

供必要的支持和方便，以达到双赢、多赢的局面。[①] 而罗兴亚难民问题的发酵，一方面减弱国际投资者信心，使“一带一路”建设相关合作项目缺乏资金来源；另一方面也阻碍缅甸经济增长、加重缅甸经济负担，使缅甸的人力、财力和物力消耗很大，无暇顾及“一带一路”建设的相关合作。

（三）威胁“一带一路”建设的安全基础

罗兴亚难民问题具有一种“外溢”效应，不仅阻碍缅甸自身生存发展，也对整个地区局势产生严重影响，威胁“一带一路”建设的安全基础。

1. 影响中国边疆安全

边疆地区是有效对接国内和国外“一带一路”建设的重要节点，其中云南与东南亚相连，是“21 世纪海上丝绸之路”的建设支点；新疆和中亚相连，是“丝绸之路经济带”的重要地区。二者的和平与稳定关系着整个“一带一路”的建设，而罗兴亚难民问题对中国边疆地区的安全构成严重威胁，阻碍“一带一路”建设的顺利开展。

第一，外部势力可能利用民众的宗教认同心理，煽动大规模暴乱，破坏中缅合作。首先，在中国与缅甸接壤的云南瑞丽地区，很早之前就生活着缅甸罗兴亚人，中国境内绝大多数罗兴亚人遵纪守法，但也必须谨防少数人出于宗教和民族认同所产生的同情心理，对若开邦的罗兴亚人给予支持，从而影响中缅关系和中缅合作，进一步侵蚀中国在缅利益。[②] 此外，居住在中国新疆的维吾尔族等少数民族也信奉伊斯兰教，与罗兴亚难民有着共同的宗教信仰。部分信教民众可能受到外国敌对势力的误导，出于对罗兴亚难民的同情和对中国政府的误解，发动暴力袭击事件，破坏国内安全与稳定，阻碍“一带一路”建设的开展。

第二，罗兴亚极端势力与中国境内的“三股势力”呈现“合流”趋势，可能会对中国的边疆安全产生更大冲击。当前有迹象表明罗兴亚人开始协助新疆籍偷渡者前往东南亚。例如，来自新疆的偷渡者在到达泰国南

---

① 祁岳蕾：《难民危机带给“一带一路”的机遇与挑战》，《财经界》（学术版）2016 年第 17 期，第 25 页。

② 许利平：《缅甸罗兴亚人道主义危机及其影响》，《当代世界》2017 年第 10 期，第 61 页。

部后，多由当地罗兴亚人负责接应、藏匿和等待合适时机再向马来西亚转移。[①] 这些逃离国境的极端分子，有可能在境外发动针对中国公民和“一带一路”相关工程项目的袭击，或者在接受恐怖组织训练后，回国从事恐怖主义活动。因此，罗兴亚极端势力与中国境内的“三股势力”的合流，将会影响中国边疆安全，进而威胁“一带一路”建设的开展。

2. 威胁孟加拉国安全

孟加拉国是中国在南亚地区开展“一带一路”建设，打造孟中印缅经济走廊的重要国家。但是，罗兴亚难民问题加重了孟加拉国负担，恶化了当地安全形势，威胁“一带一路”建设在当地开展的安全基础。

第一，当前聚集在孟加拉国的罗兴亚难民已达数十万之多，数量如此庞大的难民群体本身就是社会不安定因素，给当地的安全带去了严峻挑战。罗兴亚难民营中的某些团体涉嫌参与各种违法犯罪活动，并被当地的犯罪集团利用。根据孟加拉国警方的说法，在 2017 年 8 月若开邦暴力袭击事件发生后的一年时间里，当地警方以各种罪行逮捕了 1000 多名罗兴亚人，其中有 563 名罗兴亚人被判刑。[②]

第二，如果罗兴亚难民问题得不到迅速解决，势必会引发孟加拉国激进情绪的蔓延，进而影响孟加拉国国内的稳定，威胁“一带一路”建设在当地开展的安全基础。在孟加拉国总理哈西娜（Sheikh Hasina）采取强硬措施后，孟加拉国国内的伊斯兰激进化趋势得到一定平息，但罗兴亚难民问题再次加剧了这种激进化趋势。首先，罗兴亚激进组织在当地和国际伊斯兰政党的帮助下筹集资金，孟加拉国右翼政党伊斯兰大会党（Jamaat-i-Islam）也以资助罗兴亚团结组织而闻名。[③] 其次，基地组织曾发表声明鼓动孟加拉国穆斯林发动武装叛乱，以表达对罗兴亚人的支持。此外，由于孟加拉国政府未能跟上形势，伊斯兰主义者在非政府组织活动的幌子下自由活动。一位印度安全专家表示，几乎所有在罗兴亚营地工作的非政府组

① 李晨阳、宋少军：《试析新疆维吾尔人在东南亚的非法流动问题》，《新疆社会科学》2016 年第 1 期，第 74 页。

② Tarek Mahmud，“Crime on rise in Cox's Bazar camps”，Dhaka Tribune，September 1，2018，https：//www.dhakatribune.com/bangladesh/nation/2018/09/01/crime-on-rise-in-cox-s-bazar-camps，登录时间：2019 年 7 月 14 日。

③ Utpala Rahman，“The Rohingya Refugee：A Security Dilemma for Bangladesh”，*Journal of Immigrant & Refugee Studies*，Vol. 8，No. 2，2010，p. 235.

织都与恐怖主义有着很强的联系。①

3. 破坏东南亚地区安全局势

东南亚在“一带一路”建设中具有举足轻重的地位。2016 年，中国与东南亚地区贸易额为 4554.4 亿美元，占中国与“一带一路”沿线国家贸易总额的 47.8%。② 罗兴亚难民问题的“外溢”效应，威胁东南亚地区的安全与稳定，进而影响“一带一路”建设在当地的开展。当前，整个东南亚反恐形势异常严峻，恐怖主义利用罗兴亚难民问题进一步向东南亚扩散。

一方面，罗兴亚难民成为恐怖组织的招募对象。随着美、俄等国的联合打击，中东反恐战斗取得重大胜利，“伊斯兰国”等恐怖组织的生存空间被急剧压缩，开始向周边扩散，罗兴亚难民问题为其在东南亚的兴起壮大提供了契机。学者乌特帕拉·拉赫曼（Utpala Rahman）认为，部分无国籍的罗兴亚人对缅甸缺乏认同感，也与孟加拉国关系疏远，他们很有可能为了维护自己的利益而成为武装分子。③ 根据相关报道，被缅甸政府定义为恐怖组织的“罗兴亚救世军”曾宣称已经从难民营中招募了数百新兵。这些新招募的成员极有可能被恐怖组织利用，被派遣至东南亚各国从事恐怖活动。2019 年 5 月，马来西亚当局就逮捕了两名罗兴亚人，他们涉嫌策划在马来西亚发动恐怖袭击。④

另一方面，罗兴亚难民问题成为恐怖组织发动暴力袭击的借口。2017 年 8 月以来，马来西亚、印度尼西亚和孟加拉国等国都发生了一些与若开武装冲突直接相联系的宗教冲突，造成局势的动荡。⑤ 罗兴亚人当下的困境也经常会在“伊斯兰国”网上的出版物中得到强调，尤其是在《达比克》杂志，该杂志表示“伊斯兰国”最终将把重点放在缅甸，

---

① Pratim Ranjian Bose, “Rohingya Refugees: India Looking at a Long-term Solution”, The Hindu Business Line, February 23, 2018, https: //www.thehindubusinessline.com/economy/policy/rohingya-refugees-india-looking-at-a-long-term-solution/article22838513.ece, 登录时间：2019 年 7 月 15 日。

② 《贸易畅通互换国际保理》，搜狐网，2018 年 10 月 30 日，http: //www.sohu.com/a/272122011_825922，登录时间：2019 年 7 月 15 日。

③ Utpala Rahman, “The Rohingya Refugee: A Security Dilemma for Bangladesh”, *Journal of Immigrant & Refugee Studies*, Vol. 8, No. 2, 2010, p. 235.

④ Iftekharul Bashar, “Rohingya Crisis and Western Myanmar's Evolving Threat Landscape”, *Counter Terrorist Trends and Analyses*, Vol. 11, No. 6, 2019, p. 17.

⑤ 漆浩、王文娇：《罗兴亚问题的由来及影响》，《唯实》2018 年第 1 期，第 95 页。

并且在孟加拉国建立据点，并以此为平台进而对缅甸发起攻击。[①] 印度尼西亚的一些社交媒体用户甚至宣称可以为了罗兴亚人而成为自杀式炸弹袭击者。[②]

“一带一路”建设虽然属于经济领域的合作，但需要稳定的地区环境作为保障。罗兴亚难民问题的“外溢”效应，加剧了地区安全风险，威胁“一带一路”建设的安全基础。当前，随着“一带一路”建设在东南亚地区的开展，中国在东南亚的海外利益越来越多，大量基础设施工程作为暴露的“软目标”，容易成为恐怖主义攻击的对象。而东南亚恐怖主义发展态势，对中国在东南亚的人员及发展所依赖的市场、资源和投资都产生极大的威胁，使得中国“一带一路”建设的安全环境面临严峻的挑战。[③]

四　中国战略应对的思考

罗兴亚难民问题对“一带一路”建设产生了重要的影响，严重削弱其正常开展的政治基础、经济基础和安全基础。中国必须采取有效措施加以应对，确保“一带一路”建设的正常进行。

（一）积极开展客观、中立的人道主义援助

1. 加大对难民的援助力度

美国在罗兴亚难民问题上对中国的指责是基于所谓的人权问题，污蔑中国包庇缅甸军队对罗兴亚人的“种族清洗”行动。中国应继续加大对罗兴亚难民的援助力度，用事实拆穿美国的谎言。在 2017 年罗兴亚难民问题爆发后的第一时间，中国向孟加拉国境内的罗兴亚难民营提供了 150 吨的人道主义援助物资。中国又于 2017 年 9 月和 2018 年 12 月分别向缅甸若开

---

① Iftekharul Bashar, “Exploitation of the Rohingya Crisis by Jihadist Groups: Implications for Bangladesh's Internal Security”, *Counter Terrorist Trends and Analyses*, Vol. 9, No. 9, 2017, p. 6.

② Jasminder Singh and Muhammed Haziq, “The Rohingya Crisis: Regional Security Implications”, December 2, 2016, https://dr.ntu.edu.sg/bitstream/10220/41985/1/CO16293.pdf，登录时间：2021 年 1 月 17 日。

③ 卢光盛、周鸿旭：《东南亚恐怖主义新态势及其影响与中国的应对》，《国际安全研究》2018 年第 5 期，第 18 页。

邦捐款2亿缅币，用于若开邦人道主义救助和安置罗兴亚难民遣返人员。但这远远不能解决难民问题，中国在未来还应加大对罗兴亚难民的援助力度。首先，这有利于罗兴亚难民问题的进一步解决，使罗兴亚难民的遣返有了可能。其次，可以赢得罗兴亚难民对中国的好感，降低罗兴亚武装组织对中国的敌意，减小“一带一路”建设在缅甸开展的阻力。此外，中国又较好地履行了国际义务，展现了“负责任大国”的形象，为“一带一路”建设的全面布局奠定了良好的政治基础。

2. 加强对若开邦的开发

日本借助罗兴亚难民问题，表面上支持缅甸政府，实际上隐性推进“高质量基础设施合作伙伴关系”计划，加强与“一带一路”建设的竞争。中国也应加强对若开邦地区的开发，完善当地的基础设施，用发展实现稳定，为“一带一路”建设在若开邦的开展提供更加安全的地缘环境，这与王毅外长提出的“三阶段解决若开邦问题设想”中的第三步也一致，有利于铲除罗兴亚难民问题的根源，消除若开邦地区的贫穷与落后。一方面，中国可以给予若开邦地区更加优厚的贸易待遇。农业是若开邦的经济基础，中国通过加大对若开邦地区农产品的进口力度，可以有效促进当地经济发展。另一方面，中国可以努力改善当地基础设施条件。若开邦地理位置重要，连接南亚和东南亚，且境内蕴藏着丰富的石油、天然气等资源，经济潜力巨大。中国可以与缅甸政府开展合作，加强当地基础设施建设，以释放经济发展潜力。这一过程能充分带动当地就业，促进经济发展，最终实现地区的繁荣稳定，间接为“一带一路”建设提供稳定环境。与此同时，又可以有效激发中国国内的经济活力。这与“一带一路”建设实现合作共赢、带动地区共同发展的初衷不谋而合。

3. 增加对缅甸政府的支持

“一带一路”建设虽然属于经济领域的合作，但必须以稳定的政治关系作为支撑。中国在罗兴亚难民问题上，不仅要加强对罗兴亚难民的人道主义援助，同时也要增加对缅甸政府的支持力度。当前，在中国的努力斡旋下，孟缅双方已经达成遣返协议。中国应充分肯定缅甸政府为稳定局势正常化而做出的努力，增加对缅支持。如果一味对缅施压，必将引起缅甸政府的强烈不满情绪，不仅不利于罗兴亚难民问题的解决，也会恶化中缅关系，丧失“一带一路”建设在缅开展的政治基础。此外，印度在积极拉拢缅甸政府，推行自己的“东向行动政策”，加紧与中国“一带一路”的竞争。如果中国不给予缅甸政府适当支持，势必会将缅甸政府推向印度一边，减弱中国的地区影响力，增加“一带一路”建设在缅开展的难度。中国应给予缅甸政府强有力的支持，缓解其面临的外交压力，一方面可以巩固传统的中缅“胞波”情谊，另一方面可以为“一带一路”建设在缅开展奠定良好的政治基础。

（二）充分调动国内资源和力量

1. 发挥国有企业带头作用

针对国际投资者信心不足的问题，中国可以充分发挥国有企业的带头作用。学者科里·华莱士（Corey Wallace）认为，中国国有企业在“一带一路”基础设施建设和投资活动中发挥着巨大作用，这得益于其在从国有银行获得融资方面具有系统性的优势。[①] 国有企业作为中国国民经济的重要支柱，规模、技术水平、竞争力、管理水平普遍优于民营企业，有些还是有着广泛影响力的多元综合企业，有着较强的国际竞争力。[②] 而中小企业大都是民营企业，独立拓展“一带一路”沿线国家和地区的市场，相对成本高，挑战多，难度大，国企高质量参与“一带一路”建设，可积极利用自身处于产业链的重要位置的优势，积极带动中小企业到“一带一路”沿线国家和地区开拓新市场。[③] 例如，皎漂港项目中标方就是由大型国企中信集团牵头组成的跨国联合体。通过发挥国企的带头作用，可以增强投资者信心，让更多企业参与到“一带一路”的具体建设中。

2. 加大对缅金融支持

罗兴亚难民问题使缅甸成为金融高风险地区，营商环境排名靠后，经济发展更加滞后，无力负担中缅合作项目中所分摊的资金份额。缅甸必须借助国际金融机构的支持，才能推进中缅合作项目的开展。但是，世界银行和亚洲开发银行没有能力满足亚洲国家在基础设施投资建设方面的需

---

① Corey Wallace, “Japan’s Strategic Contrast: Continuing Influence Despite Relative Power Decline in Southeast Asia”, *The Pacific Review*, Vol. 32, No. 5, 2019, p. 866.

② 王蕾：《“一带一路”倡议实施中的国企地位与作用——以招商局集团为例的探讨》，《北京党史》2018 年第 5 期，第 16 页。

③ 甄新伟：《央企高质量参加“一带一路”建设意义重大》，《经济参考报》2019 年 4 月 22 日，第 7 版。

求，而基础设施发展项目的高风险和漫长的建设周期又使私人投资者望而却步。[①] 在这种情况下，为支持“一带一路”建设，中国倡议成立了亚洲基础设施投资银行，提供基础设施投资贷款。[②] 亚投行贷款利率低，贷款周期长，适用于缅甸这类经济实力薄弱的国家发展基础设施。此外，中国设立的400亿美元的丝路基金、金砖五国成立的金砖国家新开发银行也可以为缅甸提供资金来源。这些国际融资平台虽然由中国倡导建立，但并非由中国独家所有。以亚投行为例，其成员不仅有中国、印度、菲律宾等发展中国家，也有英国、法国等发达国家，数量多达90多个，多元化色彩明显。缅甸从亚投行贷款，既符合缅甸国内的实际财政情况，又可以有效避免其对所谓“中国债务陷阱”的担忧。

（三）努力深化双边与多边安全合作

1. 加强边境管控，维护国内稳定

中国应注重预防罗兴亚激进武装组织与中国境内伊斯兰极端势力的“合流”问题，加强对边境地区的管控。此外，居住在中国新疆的维吾尔少数民族信奉伊斯兰教，与罗兴亚难民有着共同的宗教信仰。中国必须做好这部分人群的安抚工作，积极宣传国家在罗兴亚难民问题上的立场，引导民众形成正确的认识，谨防少数民众受到外国敌对势力的诱导，发动暴力袭击事件，破坏国内安全与稳定，阻碍国内“一带一路”建设的开展。

2. 深化中孟双边合作，建立联合安全机制

在罗兴亚难民问题的背景下，中孟双方应深化安全合作，促进孟中印缅经济走廊的建设，助推“一带一路”建设在南亚的开展。孟加拉国由于经济基础薄弱、反恐经验缺乏等原因，无力应对罗兴亚难民问题带来的安全挑战，中国可以积极利用自身优势，帮助孟加拉国提高反恐能力，改善其国内安全状况。两国应建立联合安全机制，通过政策协调，分享各自反

---

① Hong Yu, “Motivation Behind China's ‘One Belt, One Road’ Initiatives and Establishment of the Asian”, *Journal of Contemporary China*, Vol. 26, No. 105, 2017, p. 359.

② Christopher Len, “China's 21st Century Martime Silk Road Initiative, Energy Security and SLOC Acess”, *Martime Affairs*: *Journal of the National Maritime Foundation of India*, Vol. 11, No. 1, 2015, p. 8.

恐经验。[①] 在短期内，可以组建专门的安全小组，进行特别的安全行动；从长远来看，应建立由两国政府组成的常设安全部队，在双方商定的全面框架下解决各种问题。[②]

3. 利用多边外交平台，共同维护地区安全

罗兴亚难民问题所引发的安全危机具有复杂性、跨国性等特点，对整个东南亚地区的局势都产生了严重威胁。中国必须加强与东盟国家的合作，充分利用澜湄合作机制、东盟“10+1”等合作平台，加强政策协调，深化安全合作，共同应对罗兴亚难民问题带来的负面影响。首先，中国应与东盟加强政策协调，助推难民问题的解决。中国需要与东盟协调在罗兴亚难民问题上的立场，共同加强对难民的人道主义援助，同时积极推动难民遣返进程，促进罗兴亚难民问题的最终解决，断绝恐怖主义利用罗兴亚难民问题的可能性。此外，中国应与东盟深化安全合作，积极应对罗兴亚难民问题带来的安全挑战。中国要充分利用东盟地区论坛、东亚峰会等现有地区合作机制，提出打击恐怖主义的倡议，加强恐怖主义威胁预警工作，提高反恐协同能力，推动联合反恐演习。[③] 中国与东盟加强合作不仅有利于共同应对罗兴亚难民问题所带来的安全挑战，也有利于中国与东盟关系的进一步巩固，为“一带一路”建设在东南亚地区的深入开展奠定良好的政治基础。

五 结语

缅甸连接着南亚和东南亚，地缘位置十分重要，同时又作为中国的邻国，是中国打造孟中印缅经济走廊并开展“一带一路”建设的重要国家。罗兴亚难民问题的持续发酵，对“一带一路”建设的开展和落实产生了重要影响。其中，安全挑战是罗兴亚难民问题对中国“一带一路”建设的最

① Ahmet Faruk Isik and Zhiqiang Zou, “China-Turkey Security Cooperation Under the Background of the ‘Belt and Road’ and the ‘Middle Corridor’ Initiatives”, *Asian Journal of Middle Eastern and Islamic Studies*, Vol. 13, No. 2, 2019, p. 292.

② Md. Safiqul Islam and Huang Ailian and Zhang Jie, “Major Challenges and Remedies in Building the Bangladesh-China-India-Myanmar Economic Corridor”, *China Quarterly of International Strategic Studies*, Vol. 4, No. 4, 2018, p. 629.

③ 张洁：《中国—东盟反恐合作：挑战与深化路径》，《国际问题研究》2017 年第 3 期，第 39 页。

大影响，无论是大国间政治博弈的加剧，还是在缅经济项目进程的受阻都离不开安全问题这个核心。第一，大国间的政治博弈是围绕安全问题所展开的。美国干预罗兴亚难民问题的借口就是它认为缅甸军队对罗兴亚人进行“种族清洗”，威胁罗兴亚人的生存安全。日本和印度则声称要缓和缅甸国内紧张的安全局势，支持缅甸政府打击恐怖主义。第二，在缅经济项目进程受阻的根本原因是安全问题未能得到有效解决。外国投资者信心的减弱和缅甸经济的下滑，都可以归咎于若开邦动荡的安全局势。第三，罗兴亚难民问题的“外溢”效应，威胁整个东亚地区的安全，增加了“一带一路”建设开展的难度。所以，中国应该重视罗兴亚难民问题所引发的安全危机，充分利用双边和多边合作等渠道，采取有效措施积极应对。

The Multidimensional Influence of Rohingya Refugees on the Construction of "Belt and Road" and China's Strategic Response

Zhu Luming　Chang Weipeng

Abstract　The Rohingya is a Muslim ethnic group living in Rakhine State, Myanmar. However, due to identity problems, religious contradictions and historical disputes, they have been discriminated against and suppressed by the main ethnic group in Myanmar, which has led to the outbreak of the refugee problem. Rohingya refugee issue has important impacts on the development of "Belt and Road" construction in China. It will provide the starting point for the US, Japan and India to interfere with the construction of the "Belt and Road"; It will also hinder the implementation of the "Belt and Road" economic cooperation projects in Myanmar and it will threaten the security foundation of the "Belt and Road" construction. In this regard, China should adhere to objective and neutral humanitarian assistance on the Rohingya refugee issue and avoid getting involved in the game between big nations. At the same time, China should actively mobilize domestic resources and forces to promote the normal construction and operation of projects in Myanmar. In addition, it is also necessary to jointly address the security challenges posed by the Rohingya refugee issue through bilateral and multilateral channels in order to safeguard the "Belt and Road" construction.

Key Words Rohingya Refugee; Belt and Road; "Spillover" Effect

Authors Zhu Lumin, Biquan Academy · School of Philosophy, History and Culture of Xiangtan University, Deputy Dean, Professor and Doctoral Supervisor; Chang Weipeng, Marxism School of Xiangtan University, Graduate Student.

21世纪东盟航空一体化进程及实施成效的研究

李宏斌　王　振

【摘要】东盟航空一体化是东盟互联互通、东盟一体化、东盟共同体建设的重要内容。在《东盟互联互通总体规划》的牵引和推动下，东盟成员国克服了各国航空基础不一、发展不均衡、认识不统一等困难，从外交、政策、法律、业务4个方面积极推动，经历了3个阶段，在2016年实现了航空一体化，进入了航空一体化后的运行初级阶段，近5年来取得了亮丽的发展成绩。本研究初步解决了中国民航业对东盟航空一体化整体了解不多、研究不够等现实问题，为中国与东盟在“十四五”期间加快实现航空一体化进程，以及加快助推广西成为面向东盟的重要航空门户、航空枢纽、航空大通道等奠定了合作发展的理论基础，有利于中国民航和相关省市加快构建以西部陆海新通道为主体的航空外循环新格局。

【关键词】东盟 航空一体化 进程 航空大通道 广西

【基金项目】中国民航大学省部级科研机构开放基金、广西北部湾经济区规划建设管理办公室“建设西部陆海新通道（航空大通道部分）研究”项目。

【作者简介】李宏斌，中国民用航空飞行学院、广西大学，硕士研究生导师、研究员、博士；王振，滨州学院，讲师。

航空运输在东盟的发展和共同体建设中发挥着越来越重要的作用，对东盟及各国的外贸、外交、旅游、文化交流、跨境电商等发展有着重大影响。航空运输能实现区域内部人员和货物的充分流动，航空部门的一体化被视为21 世纪促进东盟内部经济发展、强化成员国之间联系的重要基础，各方面为此积极磋商和凝聚共识。在2010 年以后，东盟民航领域在“便利人员和货邮往来、形成和凝聚东盟共识方面发挥着日益重要的作用，加快推进‘蓝天下的互联互通’成为整个东盟互联互通的重中之重”。[①] 2012 年《国务院关于促进民航业发展的若干意见》要求“推进与东盟国家航空一体化进程”，但我国民航业缺少对东盟国家航空整体情况的研究，对东盟国家航空一体化的整体状况和动态信息掌握不够，还存在一些认识上的误区，影响了中国与东盟国家间的航空合作质量与成效。

一　东盟航空一体化研究现状综述

从概念内涵上来说，航空一体化与航空自由化是两个学术概念。航空自由化主要是就国际航空运输市场进入而言，包括放开航权、准入和投资等法规限制，以两国签订天空开放双边协议为常见表现，主要涉及空间、领域等方面的开放和对本国航空公司“放松管制”，属于开放范畴。航空一体化主要是就航空业整体运行而言，主要包括航空标准（包括规则、法律）一体化、航空市场一体化、航空主体一体化、航空运行保障一体化、航空技术一体化、航空产业一体化等内容，涉及面广、内容丰富，属于发展范畴。航空自由化和航空一体化都涉及国与国之间、区域与区域之间的航空市场或者航空业运行，虽然概念上有所不同，但指向相同——相关国家之间、区域之间的航空市场或者航空业形成一个整体，因而经常被混用和误用。换言之，航空一体化是航空自由化深入的结果，是航空自由化的升级版，而航空自由化是航空一体化实现的初始阶段、必要条件和基础路径。

国内外学者对东盟航空、东盟航空一体化方面的研究相对较少。柳岸林对东盟5 国航空业之间的竞争进行了分析，面对日益严峻的新形势，东盟5 国（新加坡、马来西亚、泰国、印尼和菲律宾）纷纷采取各项措施，

① 田原：《东盟加速推进“蓝天下的互联互通”》，《经济日报》2016 年5 月10 日。

积极参与航空业的竞争。[①] 王琛等提出面向东盟的广西航空物流中心的构建对策。[②] 刁伟民认为中国—东盟自由贸易区的建设为两地推行航空运输自由化提供了契机，提出了中国推进两地航空运输自由化进程的应对策略。[③] 乔秀文、王霞对东盟“开放天空”对整个亚洲的影响进行了分析，介绍了东盟航空运输市场开放的成因，并分析了东盟各国对航空市场开放的不同认识和实施措施。[④] 丁丽柏提出中国与东盟的航空合作共赢目标和“分国家、分层次、分阶段”的推进策略。[⑤] 马春婷从法律角度分析探讨了中国—东盟航权开放中的“实质所有权与有效控制”，建议完善双方航权合作的法律制度。[⑥] 田圆对中国—东盟航空运输自由化进程及产生的影响进行了分析，提出了对不同的国家应采取不同的应对措施。[⑦] 朱诺从发展沿革、预测分析和政策建议三方面，从总体上对中国与东盟航空运输市场进行了数量研究和分析。[⑧]

综上所述，目前大部分学术研究集中于航空自由化（以双边、多边为主）、中国—东盟航空运输中的航权问题及运输市场分析以及东盟各国之间航空业竞争等方面。全球许多国家实行“天空开放”政策，目的在于推动航空自由化发展，而非区域性的航空一体化发展。鉴于国内外对东盟航空一体化系统化的研究尚属空白，本文将对此展开基础性研究。

---

① 柳岸林：《东盟五国航空业之间的竞争及其启示》，《亚太经济》2005 年第 1 期，第 7—8 页。

② 王琛、刘志学：《面向东盟的广西航空物流中心构建分析》，《物流技术》2007 年第 2 期，第 77—80 页。

③ 刁伟民：《中国与东盟航空运输自由化的发展趋势及对策》，《北京航空航天大学学报》2008 年第 3 期，第 40—44 页。

④ 乔秀文、王霞：《东盟“开放天空”对整个亚洲的影响》，《空运商务》2008 年第 10 期，第 31—32 页。

⑤ 丁丽柏：《论中国与东盟航空合作的战略选择》，《中国青年政治学院学报》2009 年第 3 期，第 93—96 页。

⑥ 马春婷：《中国—东盟航权开放法律问题研究》，《科技视界》2015 年第 28 期，第 295 页。

⑦ 田圆：《中国—东盟航空运输自由化的影响分析及对策》，《港口经济》2015 年第 7 期，第 46—48 页。

⑧ 朱诺：《我国国际航空运输政策与市场研究之东盟篇》，《空运商务》2020 年第 4 期，第 37—41 页。

二　东盟航空一体化共识形成的推动因素

（一）东盟国家自身的努力

基于区域自身发展的需要以及航空在交通发展中的优先性，尽管东盟各国存在发展不平衡、基础薄弱、发展资金短缺、社会分歧较大等问题，但各国政府还是认定目标，积极尝试通过次区域合作、发达国家开放试点等方式，来推动在东盟内部达成共识。

2003 年 6 月 4 日，越南、老挝、柬埔寨、缅甸 4 国民航局长在越南岘港市（Da Nang）共同签署了《越老柬缅次区域航空运输多边合作协定》。[①] 这是大湄公河次区域国家一项开放领空的重要协议，为该区域内的航空公司合作奠定了基础，也为东盟航空一体化做了铺垫，成为试点。

2006 年 6 月 5—6 日，第一届东盟东部增长区交通部长会议在文莱举行。与会各方一致同意，把区内空中客运和货运服务作为优先发展领域加以推进。

2007 年 11 月 19 日，第四届东盟东部增长区领导人会议批准了《增加航线的谅解备忘录》（MOU on Expansion of Air Linkages），率先相互开放文莱斯里巴加湾（Bandar Seri Begawan）、印尼巴厘巴板（Balikpapan）和坤甸（Pontianak）、马来西亚哥打基纳巴卢（Kota Kinabalu）和古晋（Kuching）以及菲律宾达沃（Davao）和三宝颜（Zamboanga）的第五航权，[②] 标志着东盟东部增长区民航领域全面开放。这是 4 国航空发展的一个重要里程碑，也为东盟其他国家及次区域合作树立了一个成功的先行示范。

2008 年，马来西亚和新加坡则率先宣布启动“开放天空”政策。

（二）周边国家的推动与带动

除了自身努力外，东盟航空一体化共识的达成还得益于周边国家的推

① 《柬、老、缅、越四国签署次区域航空运输多边合作协定》，中华人民共和国商务部，2003 年 6 月 6 日，http：//vn. mofcom. gov. cn/aarticle/jmxw/200306/20030600097231. html，登录时间：2015 年 9 月 1 日。

② 马金案：《东南亚大事记》，《东南亚纵横》2007 年第 12 期，第 96 页。

动和带动。东盟在推进内部工作进程的同时，还与中国、日本、韩国等加强外交会谈和开展民航业务合作，谋求东盟之外更大区域的务实合作和东盟更快的发展。例如，早在2002年，中国就提议与东盟展开全方位的交通运输合作。2006年10月11—13日，中国—东盟区域航空运输安排会议在北京召开，这是中国与东盟区域航空运输安排的首次会谈。2007年11月2日，第6次中国—东盟交通运输部长级会议审议通过《中国与东盟航空合作框架》，为今后的合作开了一个好头。

2007年11月，第13届东盟交通部长会议初步同意了航空旅行一体化路线图，标志着东盟航空一体化共识正式达成，也意味着东盟初期的航空一体化追求的是航空旅行一体化。

三　东盟航空一体化的推进历程

在达成共识之后，东盟航空一体化开始了正式推进。第一阶段（2008—2010年）以东盟航空合作协议为基础，在东盟各国民航行业间展开民航合作发展；第二阶段（2010年—2016年4月）以《东盟互联互通总体规划》（Master Plan on ASEAN Connectivity，MPAC，简称“总体规划”）为基础，在东盟各国间支持和加快东盟共同体的建设，提升东盟一体化水平；第三阶段（2016年5月—2019年底）以《东盟开放天空协议》正式获得批准并生效为起点，东盟实现了航空一体化，进入了航空一体化后的运行初级阶段。

（一）第一阶段：三步走规划

2008年11月，东盟各国签署航空合作协议，[①] 正式宣布航空旅行一体化路线图和实施时间表，力争在2015年前实现东盟统一航空市场，标志着东盟航空一体化思想共识、政策及战略正式形成。根据该航空合作协议，从总体上来看，东盟航空一体化规划为三大步：第一步为核心开放（开放首都——核心航点），即到2008年底，东盟各国民航飞机可以在首都之间

① 刘树森：《中国—东盟自由贸易区丛书2》，广西师范大学出版社2009年版，第34页。

实现互飞；[①] 第二步为扩大开放（开放其他城市——其他重要航点），即到 2010 年再增加 1 个非首都航点；第三步为全面开放（完全开放——全部国际航点、重要航权、航空市场），即到 2015 年 12 月 31 日，东盟经济共同体正式运行，在东盟成员国间全面实现完全的“天空开放”，即东盟成员国间航空市场全面开放。

（二）第二阶段：东盟互联互通总体规划

1. 东盟国家互联互通的两类概念

互联互通是东盟的一个建设目标，也是东盟内部及外部合作常用的一个概念。在不同场景下，其内涵各不相同。在总体上，“东盟国家互联互通是指实体的、机构的以及民间的合作纽带，（以）提高东盟区域整体的凝聚力、竞争力（和形象魅力）”，[②] 这是综合的、全面的、高层级、长期的联通。从《东盟互联互通总体规划》可以看出，“互联互通”具体指空间和物理意义上的连接、相关制度法规标准的对接、人文往来和文化心理意义上的联通，这是有侧重的、片面的、初级的、现阶段的联通。

2. 总体规划的发布

2009 年，中国大部分机场以及印尼、越南、马来西亚机场客流量均出现高增长，为推进东盟在航空领域实现互联互通创造了良好的内外部背景条件。

2010 年 10 月 28 日，第 17 次东盟领导人会议在越南河内（Ha Noi）闭幕。会议通过了《东盟互联互通总体规划》等文件，[③]“确定了以基础设施建设、机制构建和人文交流为主体的互联互通建设蓝图。（这是）东盟为在 2015 年建成东盟共同体而实施的重大举措，朝东盟共同体建设迈出了新步伐。东盟区域交通运输合作的重点领域是陆路运输、航空运输、海上运输和交通运输便利化”。[④] 关于航空的要求是“通过区域天空安全和提升

---

① 乔秀文、王霞：《东盟“天空开放”对整个亚洲的影响》，《空运商务》2008 年第 10 期，第 31—32 页。

② 黄信：《东盟一体化的历程与前瞻》，《广西日报》2012 年 2 月 2 日。

③ 吴萍萍：《东盟参与“一带一路”建设的机遇与挑战》，《长春师范大学学报》2017 年第 9 期，第 26—29 页。

④ 吴萍萍：《东盟参与“一带一路”建设的机遇与挑战》，《长春师范大学学报》2017 年第 9 期，第 26—29 页。

管理效率，实现东盟单一航空市场（ASEAN Single Aviation Market, ASAM）”。[①] 这也意味着东盟航空一体化确立了新目标——以便利化为核心的 ASAM。“《东盟互连互通总体规划》是东盟一体化的重要战略部分，它的实施对东盟的发展与合作以及东盟共同体的建立有着积极而重要的意义。”[②] 在 2015 年前将东盟变成一个统一的单一航空市场，意味着东盟成员国之间的航空旅行将更加便捷化，也意味着东盟成员国之间现有的单边、双边和多边航空服务协定将被取代。

3. 总体规划的落实和推进

2011 年 5 月，第 18 届东盟领导人会议特别强调了要积极协调、切实行动来实现总体规划的安排。“落实好该规划，关系到东盟在地区经济合作中主导作用的发挥，关系到东盟内的稳定团结和经济增长，关系到东盟希望在全球事务中发挥更大作用。”[③]

2012 年 5 月 22—25 日，第 33 届东盟国家高级交通官员会议在印尼万隆（Bandung）召开，会议研讨并确定了东盟互联互通计划，以促进东盟区域内海、陆、空交通网络建设，推动东盟成为一个整体区域，并发挥其区域经济效应。在航空运输方面，会议完成了“空运服务承诺书”和“东盟航空市场”等有关经济和技术合作的谈判。[④]

2014 年 12 月，马来西亚移民局在吉隆坡国际机场和第二国际机场设立东盟通道（ASEAN Lane），专为东盟国家游客提供出入境通关服务。移民局表示，东盟通道是永久性措施，2015 年 2 月前，马来西亚其他 6 个国际机场也设立了此通道。马来西亚再次率先推动总体规划的落地。

2015 年 11 月，第 21 届东盟交通部长会议通过了 2016—2025 年交通运输战略计划，发表联合声明，强调加强地区交通运输互联互通和加快融入

---

① 王勤：《走向 2025 的东盟经济共同体》，《中国—东盟研究》2017 年第 3 期，第 47—67 页。

② 广西北部湾经济区规划建设管理委员会办公室：《泛北部湾区域联通与跨境合作新探索》，广西人民出版社 2011 年版，第 3 页。

③ 许宁宁：《解读〈东盟互联互通总体规划〉》，中国网，2011 年 5 月 31 日，http://www.china.com.cn/economic/txt/2011-05/31/content_22686144.htm，登录时间：2017 年 7 月 6 日。

④ 《东盟召开高官会议，讨论互联互通计划》，中华人民共和国驻印尼共和国大使馆经济商务参赞处，2012 年 5 月 25 日，http://id.mofcom.gov.cn/article/jjxs/201205/20120508146126.shtml，登录时间：2020 年 9 月 27 日。

进程的重要性。[①] 2015 年 11 月 22 日，第 27 次东盟首脑会议通过《2025 年东盟经济共同体蓝图》，[②] 围绕建立单一市场和生产基地目标，优先推动服务贸易自由化，分阶段取消航空运输、旅游和物流等优先服务行业的所有限制；加快基础设施建设，推动运输多元化和便利化，放宽航空部门限制，建立东盟单一航空市场。东盟最高级别的会议通过的这份蓝图规划，从最高层面对东盟航空一体化进行了总体性统筹设计和推动，是一份纲领性文件。它围绕建设东盟经济共同体这个总目标，囊括了东盟航空一体化涉及的三个目标（单一市场化、服务贸易自由化、运输便利化），明确了目标、重点（优先服务行业）、步骤（分阶段取消限制）、措施（加快、推动、放宽）。

2016 年 4 月 6 日，“东盟互联互通总体规划 2025”（以下简称 MPAC 2025）论坛在印尼首都雅加达（Jakarta）召开，介绍了 MPAC 2025 的相关愿景、战略、目标和各项倡议，探讨未来优先事项，提出推进实施 MPAC 2025 的具体措施。根据 MPAC 2025 规划，东盟实现“区域内基础设施、政策制度和人文交流”之间的互联互通，构建以经济、政治安全和文化社会为三大支柱的东盟共同体。[③] 2016 年 9 月 6 日，在老挝万象（Vientiane）并期举行的第 28 届、第 29 届东盟峰会上，东盟各国领导人通过了 MPAC 2025。MPAC 2025 提出提高东盟各国航空公司的竞争力，在区域航空市场上站稳脚跟，逐步加入东盟—欧盟、东盟—中国、东盟—印度、东盟—韩国等跨区域航空市场。[④] 这就正式形成了东盟各国的政治共识、政策目标和战略导向。这也意味着东盟航空一体化第三个新目标的诞生——以东盟区域内外贸易自由化为核心的 MPAC 2025。

2017 年 4 月 29 日，东盟 10 国领导人齐聚第 30 届东盟峰会的首脑会议。[⑤] 这次会议表明东盟将大力加强一体化建设，按照《东盟共同体 2025

---

① 《东盟交通部长通过 2016—2025 年交通运输战略计划》，越南通讯社，2015 年 11 月 9 日，https://zh.vietnamplus.vn/东盟交通部长通过 20162025 年交通运输战略计划/44311.vnp，登录时间：2020 年 9 月 15 日。

② 张韵：《东盟区域经济一体化框架下资本账户开放研究》，2018 年厦门大学博士论文，第 30 页。

③ 纪哲：《加强海上互联互通是发展的必然》，《广西日报》2012 年 12 月 19 日。

④ 《越南大力推进东盟交通运输互联互通》，越南通讯社，2015 年 5 月 11 日，https://zh.vietnamplus.vn/越南大力推进东盟交通运输互联互通/41379.vnp，登录时间：2020 年 9 月 15 日。

⑤ 赵中文：《第三十届东盟峰会落幕》，《光明日报》2017 年 5 月 1 日。

年远景计划》及《东盟一体化倡议》，推动东盟国家一体化水平不断提升。

（三）全面达成《东盟开放天空协议》

1. 政治发展为东盟航空业提供了新机遇

东盟经济共同体于2015年底建成，东盟开放天空政策（ASEAN Open Skies Policy）是东盟经济共同体建设的一部分，原计划自2016年1月1日起生效。该政策的基本追求是实现成员国之间的航空旅行自由化，初期目标是将其转变为一个单一的航空市场。此政策“最关键的是在域内取消关税和航空器自由运营，这种实质性取消壁垒的举措有助于东盟一体化进程向纵深推进。”①

在此政策推动下，东盟各国之间实现航空旅客量大幅增长，国家之间的航空运输经营市场开放准入、权利对等交换等政策发生了变化，东盟各国之间新航线数量增加，原有航线航班加密。市场的积极变化也进一步促进了政府与企业及各方面达成了开放天空共识。

2. 东盟天空正式全面开放

2016年4月15日，东盟各国正式达成开放天空协议。2016年5月，《东盟开放天空协议》获得批准并全面生效。至此，东盟国家航空的开放已从政策和法律上走完了三大步：2008年开放东盟国家间第三和第四航权，2010年开放有限制的第五航权，2016年开放第五航权。

据东盟秘书处介绍，《东盟开放天空协议》具体包括实现航空货运和客运自由化的“一系列关于开放航空运费、乘客服务、领空安全、管理调度等核心事务的多边协议，对促进本地区空中交通互联互通和航空产业健康发展具有重要作用，将有力推动东盟单一航空市场的加速建立，并进一步方便东盟与对话伙伴间加深航空合作”。②

依据此次协议，东盟加强域内与各成员国国内的航空联系，以区域内航空运输业出现的显著增长，来推动旅游业乃至整个东盟的经济发展。此外，依据ASAM和《2016—2025吉隆坡交通策略行动计划》，东盟各国开始加强飞行安全性，通过实现成员国领空的无缝对接提高交通管理效率和

---

① 田原：《东盟加速推进“蓝天下的互联互通”》，《经济日报》2016年5月10日。
② 田原：《东盟加速推进“蓝天下的互联互通”》，《经济日报》2016年5月10日。

运载能力，并加强与对话伙伴国的航空联系。这些措施有利于推动东盟的一体化进程，从而推动东盟共同体的落实。东盟“在民航领域实现全面开放，提高了国际社会对东盟大市场全面性和统一性的认识与信心”。①

3. 开放天空中的有限性

东盟各国都在政策上积极支持东盟开放天空，但在起步阶段并没有开放所有的国际机场、航权及航班时刻。例如，2016 年印尼执行第 12/2016 号总统令，积极参加东盟开放天空政策，但第一步印尼只批准 5 个机场执行该项政策，包括雅加达苏哈国际机场、棉兰瓜拉纳姆国际机场、泗水朱安达国际机场、巴厘岛国际机场和望加锡苏丹哈桑丁国际机场，即东盟的航空公司可以飞往印尼这 5 个指定的机场，而不需要签订政府间协议，但航空公司仍然需要尊重这 5 个印尼机场规定的着陆/起飞时刻（段）。

4. 为航空公司的运营带来了新便利

在航空货运方面，东盟的货运航空公司能够直接将货物运输到东盟内的目的地，为各国的航空货运发展带来极大的便利。例如，此前印尼规定“所有进出印尼的航空货物都必须在新加坡、泰国或越南的一个机场过境”②，现在该项规定已经取消。

在航空客运方面，东盟各国航空公司纷纷调整航班航线网络规划和计划，增加了东盟间的航班量和航线数量，增加了更多直航、联程、联运航线航班，以满足东盟区域内日益增长的出行需求。例如，菲律宾宿务太平洋航空公司是菲律宾飞往东盟国家航班数量和目的地数量最多的承运方，2016 年共计飞往 7 个东盟国家的 11 个目的地。宿务太平洋航空还计划通过与新加坡虎航的联运协议，提供经新加坡飞往缅甸仰光（Yangon）的联程航班。

5. 各方继续积极推进东盟航空一体化进程

从硬件建设上推进来看，东盟各国开始重视投资航空领域，加快启动了诸多改扩建项目，积极改善航空基础设施。东盟全部的 28 个重要国际机场都在进行改扩建，以提升运载接待能力和效率，同时努力发展机场相关的上游和下游产业，以帮助国家开发可持续性增长的潜力。

从软件建设上推进来看，2019 年 11 月 11—15 日，第 48 届东盟交通

---

① 田原：《东盟加速推进“蓝天下的互联互通”》，《经济日报》2016 年 5 月 10 日。

② 莫莉：《印尼航空业发展潜力巨大》，《金融时报》，2017 年 12 月 06 日。

运输高官会议听取了各专门工作组（航海、航空、地面运输和运输便利化）所作各有关项目和计划实施情况和未来计划的报告，讨论并通过各专门工作组的计划，讨论完善《关于实施东盟服务业框架协议第11次一揽子计划》《东盟航空和海上搜寻救难协议》等所需手续以签署政府间多边合作文件，进而提高东盟内部的交通运输对接水平，同时听取2016—2025年吉隆坡交通运输战略计划框架内关于空运、海运、地面运输、运输便利化等内容的项目和计划实施总体情况报告等。

四　东盟航空一体化后的基本成效

进入21世纪后，东盟积极推进航空领域的互联互通和开放，从业务、政策、法律、规划等多方面相继实施了一系列的举措，克服了认识上、基础上、法律上等多方面的困难，经过15年的持续努力，终于在2016年实现了航空一体化，并经历了2016—2019年4年的初级运行检验。回顾这19年的历程，可以看出，东盟追求区域航空一体化的政策目标是完全正确的，取得了国际客运量持续高速增长、低成本航空企业崛起和领先全球、航空基础设施大为改善的成绩，有力地拉动了旅游产业和区域经济发展，有力支撑了东盟经济共同体建设和运转。

（一）国际客运量持续高速增长，有利促进了旅游和贸易发展

1. 旅客与贸易总量增长迅猛，迈上新台阶

随着东盟航空一体化进程的推进，东盟航空国际旅客总数年均增速超过两位数，已从2005年的9890万人次迅速增加到2018年的2.973亿人次，增幅为300.5%（年均增长23%）。其中，2018年国际航空旅客人数最多的国家分别是泰国（8130万人次）、新加坡（6490万人次）、马来西亚（4980万人次）和印尼（3160万人次）；文莱、柬埔寨、老挝和缅甸的国际航空乘客人数低于800万人次。在增长方面，2005—2018年的国际航空旅客人数，印尼增长最快（年均20.5%），老挝（年均16.7%）、缅甸（年均16.2%）和柬埔寨（年均13.0%）也出现了显著增长。根据东盟统计数据，东盟的国际旅客总量2014年突破了2亿人次关口（21416.5446万人次），2019年预计突破3亿人次关口，5年间净

增 50% 以上。

以马来西亚为例，马来西亚 1998 年度入境旅客仅仅 550 万人次，而 2017 年度则为 2594.8459 万人次。根据马来西亚旅游局的统计，2017 年度来自东盟短途市场的入境游客为 1947.8575 万名，占马来西亚游客总数的 75.1%；前十大旅游入境客源国排名依次为新加坡（1244.1713 万人次）、印尼（279.657 万人次）、中国（228.1666 万人次）、泰国（183.6522 万人次）、文莱（166.0506 万人次）、印度（55.2739 万人次）、韩国（48.4528 万人次）、日本（39.2777 万人次）、菲律宾（37.0559 万人次）和澳大利亚（35.1232 万人次）。

2016 年，东盟运输贸易额达 1536.111 亿美元，旅游贸易额达 1816.9637 亿美元，分别占服务贸易总额的 23.29% 和 27.55%。2017 年，东盟运输贸易额达 1770.5351 亿美元，旅游贸易额达 1994.3613 亿美元，分别占服务贸易总额的 24.49% 和 27.58%。2018 年，东盟运输贸易额达 1900.7532 亿美元，旅游贸易额达 2178.9668 亿美元，分别占服务贸易总额的 24.41% 和 27.98%。

2. 航空运输量快速增长，释放市场潜力

东盟十国的航空发展虽然依然不平衡不充分，但在 2008—2017 年都获得了快速发展，特别是 2017 年与 2010 年相比几乎都实现了翻一番，2017 年的国际航班量和国际旅客运输量同比 2016 年的增长都是中高速陡增。

从东盟十国 2007—2017 年度国内航班量数据（图 1）来看，2010 是个转折年，2012 年、2015 年、2017 年都是关键年份和跃升年份。2012 年泰国（同比增长 35.03%）、印尼（同比增长 21.84%）、菲律宾（同比增长 15.12%）的增长率都超过了两位数，有力地支撑和促进了 MPAC 的落地实施，加快了 ASAM 的达成。2017 年 8 个国家的国内航班量都达到了新高，显示出《东盟开放天空协议》生效后的市场生机。

从东盟十国 2008—2017 年度国际航班量数据（图 2）来看，各国都保持了逐年增长的良好态势。其中，马来西亚、新加坡、泰国的国际航班量在东盟中排名前三，3 个国家的开放度和对外文化旅游交流规模较大，但文莱、缅甸、柬埔寨、越南的国际航班量总体靠后。印尼 2014 年增长率最高，同比增长 96.4%，远高于该国当年国内生产总值 5.02% 的增长率。

从东盟十国 2008—2017 年度国内客运量数据（图 3）来看，印尼

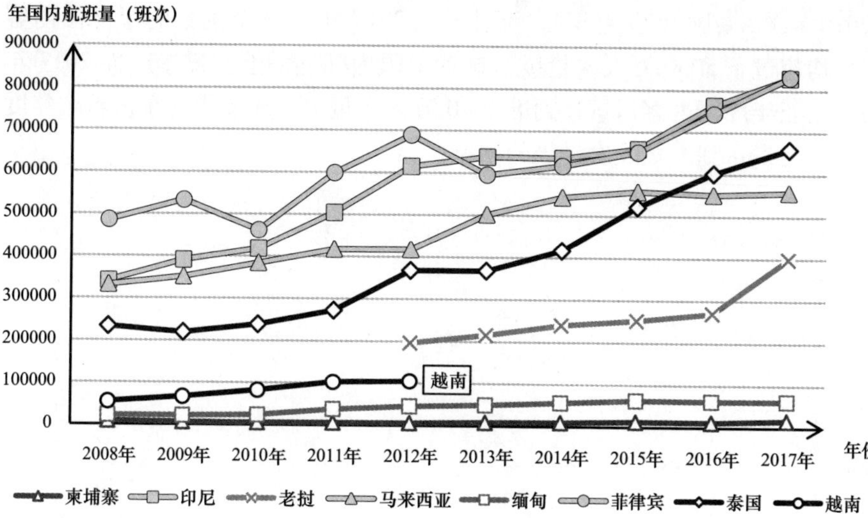

图1　2008—2017 年东盟各国年度国内航班量

注：新加坡、文莱无国内航班。

资料来源：东盟统计数据，https：//data. aseanstats. org。

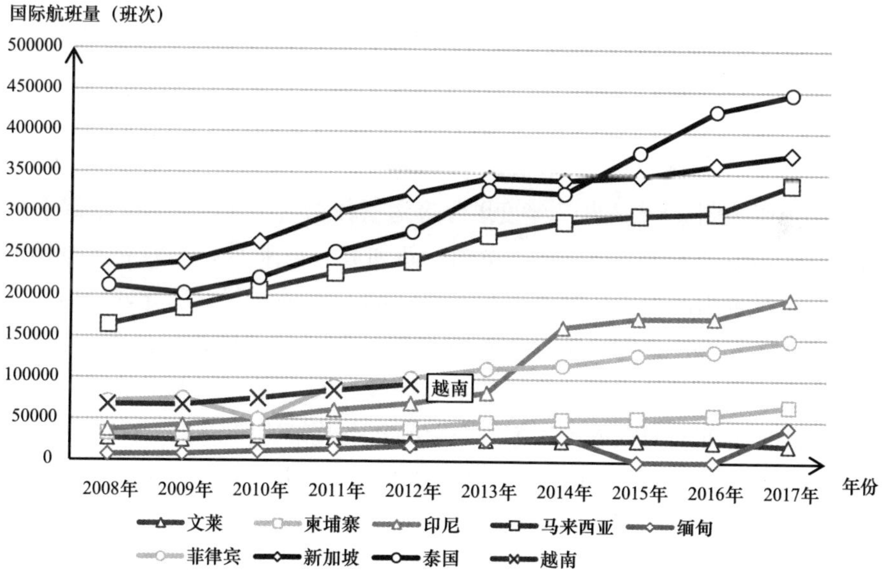

图2　2008—2017 年东盟各国年度国际航班量

资料来源：东盟统计数据，https：//data. aseanstats. org。

(2010 年)、泰国 (2014 年)、菲律宾 (2017 年) 三个国家的年度国内客运量均超过了 5000 万人次量级，显示了国内旺盛的航空需求。而 2017 年马来西亚年度国内客运量达到准 5000 万人次量级，印尼成为东盟首个年度国内客运量达到准亿人次量级的国家。

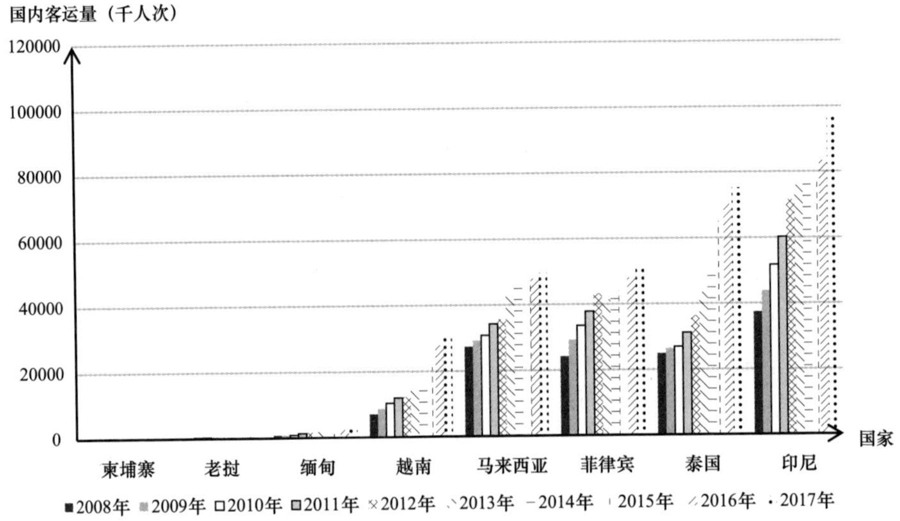

图 3　2008—2017 年度东盟各国民航国内客运量

资料来源：东盟统计数据，https：//data. aseanstats. org。

从东盟十国 2008—2017 年度国际客运量数据（图 4）来看，东盟十国的国际客运量分 3 档：第一档是泰国、新加坡、马来西亚 3 个主要国际客运国家，呈现出起点高、增速快的特点；第二档是印尼、菲律宾、越南 3 个国家，虽然规模中等，但具有良好发展后劲；第三档是其余 4 个国家，主要受制于自身的航空基础设施数量和等级、安全保障能力不足等，国际客运量不大并非自身或周围国家及东盟的航空政策所致。

从东盟十国 2008—2017 年度国际过境旅客数据（图 5）来看，旅客主要集中在泰国和新加坡，马来西亚和文莱虽然也有一定规模，但明显与前两个国家差不少量级。尽管 2016 年泰国国际过境旅客同比一度增长 66.4%，但 2012 年以后，泰国、新加坡、马来西亚均呈现整体下降趋势，这显示出虽然东盟天空更加开放和一体化，但对中转过境旅客的吸引力反而逐渐降低，主要是因为中国“十三五”期间涌现出更多的国际枢纽机场

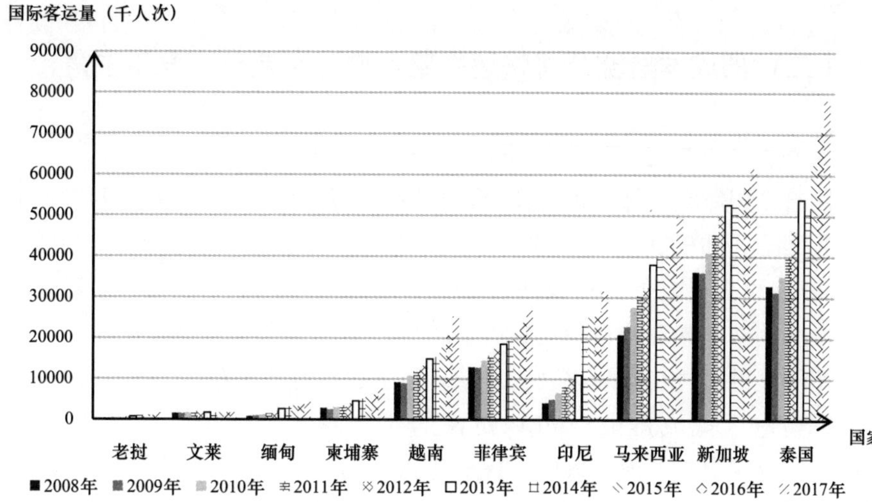

图4　2008—2017 年度东盟各国民航国际客运量

资料来源：东盟统计数据，https：//data. aseanstats. org。

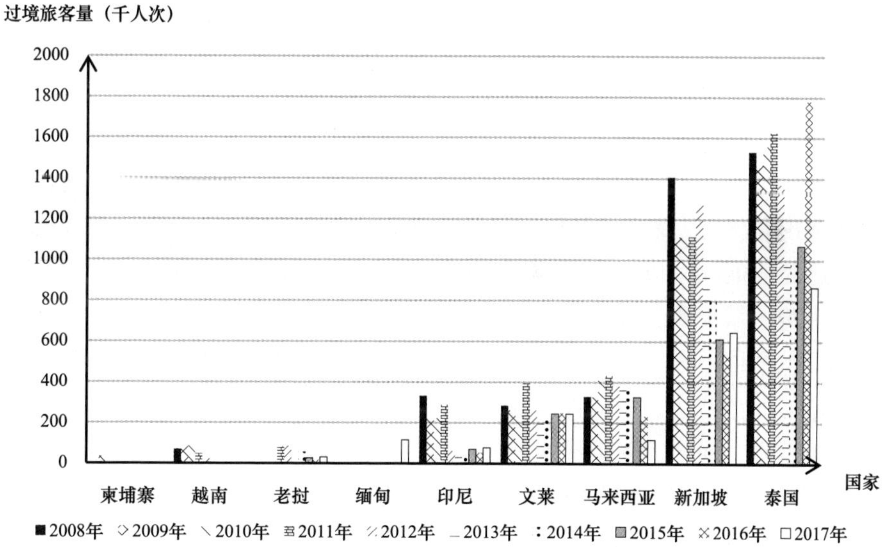

图5　2008—2017 年度东盟各国民航国际过境旅客量

资料来源：东盟统计数据，https：//data. aseanstats. org。

和远程国际航线，对东盟航空市场造成一定冲击。

（二）低成本航空公司快速崛起，成为东盟航空发展主角

1. 低成本航空公司数量快速增长，表现突出

随着东盟航空一体化进入初级运行阶段，航空公司的发展主要以低成本为发展形式和模式。2015 年，东盟共有 25 家低成本航空公司，共增加约 70 架飞机，机队飞机总数增长 13%，总规模超过了 600 架。东盟低成本航空公司的兴起和快速发展，得益于东盟内部天空开放政策的形成、亚太和平发展的大经济环境以及大开放环境下的旅游政策和产业。

东盟地区低成本航空市场份额居于全球之首，2015 年 1 月达到 57.1%，这主要是亚航、狮航、虎航等做出的贡献和产生的影响；紧跟其后的南亚地区也达到了 56.7%。[①] 根据 2013 年 8 月份的数据，印尼的低成本航空公司市场份额约为 63%，占有率全球排名第三。菲律宾国内低成本航空市场份额高达 85%，占有率全球排名第一。[②] 在 2013 年全球低成本航空公司利润排行榜上，马来西亚亚航居于第 10 名，泰国亚航排第 14 名，泰国皇雀航空排第 19 名，菲律宾宿务太平洋航空排第 23 名。

2. 跨区域龙头型低成本航空集团企业崭露头角

东盟已有近 30 家低成本航空公司，涌现出了亚航集团、狮航集团、虎航集团、捷星系、澜湄系等大大小小的低成本航空集团。其中，亚航集团最为突出和优秀。截至 2018 年 4 月，成立于 2001 年的马来西亚亚洲航空公司已经发展壮大成为东盟地区廉价航空市场的拓展者和领导者，并且发展成为跨区域集团，在亚洲和澳洲拥有规模最为广泛的航线网络。亚航集团旗下包括以下设在 7 个国家的 10 家附属航空公司：马来西亚亚洲航空公司、印尼亚洲航空、泰国亚洲航空、菲律宾亚航公司、印度亚航公司、日本亚洲航空、菲律宾亚洲航空、马来西亚亚洲航空（长途）有限公司、泰国亚航（长途）公司、印尼亚洲航空（长途）有限公司。亚航集团各成员企业利用特许经营来降低成本，并使用统一的售票系统、员工制服和管理风格。

---

① 赵巍：《竞逐九天：全球视野下的民航产业透析》，中国民航出版社 2015 年版，第 98 页。

② 赵巍：《竞逐九天：全球视野下的民航产业透析》，中国民航出版社 2015 年版，第 99 页。

在经营模式创新方面，马来西亚亚航集团打破了传统的低成本航空公司原有的“单一机型、二线机场、点对点短途航线”初级模式，在坚持低票价、高客座率的运营模式基础上，实施精益管理、差异化服务创新，创新出了“多元机队、长途航线、多元投资、品牌资源共享、开发和服务高端客户”等新模式，成为东盟乃至亚太地区发展最快最健康的航空集团。在精益化管理应用方面，低成本航空公司由以往的产品简化和高效运营为主体的“成本重心”转向了以产品优化和持续改进为主体的“价值重心”,[①] 其新的战略模式（即双核战略，精益管理+收益管理）充分体现了精益管理的精髓。[②]

（三）东盟各国政府普遍加大对民航的投资

为了响应东盟航空一体化规划，满足本国和东盟航空业务发展的需要，东盟各国纷纷加大了对民航领域的投资，大批量订购新飞机或租赁飞机，普遍加大对机场、导航等航空基础设施建设力度。例如，东盟新兴国家成为全球民用飞机市场的重要增长区域；[③] 2017 年越南投资 2.68 亿美元用于升级国内现有机场建设；2017 年泰国启动机场 10 年发展规划（2016—2025），计划投入 2200 亿铢（约合人民币 437.7 亿）扩建、改造 6 座机场，把机场吞吐能力从 2016 年的 8350 万人次/年扩增至 1.84 亿人次/年；2018 年印尼政府投资建设了 10 个新机场。

区域枢纽型机场近年来不断积极扩建。例如，2013 年吉隆坡和曼谷素万纳普国际机场均计划每年保障出行乘客 1 亿人次。近年来，新加坡樟宜国际机场、马来西亚吉隆坡国际机场都先后扩建飞行区、增设跑道、新建航站楼，菲律宾马尼拉也启动了建设新机场方案。

在东南亚地区经济持续增长的大背景下，为了提升航空市场的竞争力，东盟各国都致力于充分发挥该地区地理位置优势，相继制订并着手实施国际机场扩建计划，努力使本国的核心机场成为国际航空枢纽。例如，

① 赵巍：《低成本航空公司的双核战略模式》，《空运商务》2014 年第 7 期，第 26—30 + 32 页。

② 赵巍：《竞逐九天：全球视野下的民航产业透析》，中国民航出版社 2015 年版，第 103 页。

③ 《从新加坡航展看东盟航空需求》，《时代金融》2014 年第 13 期，第 46—47 页。

泰国政府出资改扩建廊曼机场，为亚航泰国、泰国雀航等低成本航空公司提供专用机场、专业保障、专门服务。

东盟部分国家也在积极利用外资来发展民航。例如，缅甸交通部于2013年8月宣布，将新建汉达瓦底国际机场项目交由韩国企业联合体来承建，项目造价预计11亿美元。此外，日本三菱集团和缅甸、中国、新加坡、马来西亚企业联合体分别中标曼德勒国际机场和仰光国际机场的改扩建工程。

东盟各国也积极投资民航人才培养。例如，越南交通运输部于2006年7月17日成立越南航空学院（Vietnam Aviation Academy）。该学院在胡志明市（Ho Chi Minh City）拥有两个校区。学院设有预科学院、机场学部、空中交通学院、航空运输学院、航空电子学院、国际合作学院和信息中心、航空专业培训中心、航空培训中心等，拥有工商管理、电子与通信工程、空中交通管理专业的学士学位授予权。

五　东盟航空一体化总体评价

从以上回顾和分析可见，从21世纪初开始，经过15年共三个阶段的努力，东盟从法律上、政策上、运行上均实现了航空一体化的第一步目标，进入了运行的初级阶段。近5年来的数据显示，航空一体化取得了航空业务量显著增长、以低成本航空公司担当主角的航空业发展迅猛、对服务业特别是旅游业强烈拉动等良好成绩。

然而，虽然东盟航空一体化已达预期进度，取得了良好发展成果，但东盟内外许多方面在认识上仍存在两大问题：一是认为航空一体化已经完成，实际上只是迈出了第一步，尚处于初级阶段；二是许多方面对航空一体化的认识依然停留在航空自由化和市场化这一基本层面上，没有完全提高到运输便利化、服务贸易自由化、共同体建设等更高的层面，具体工作也尚未展开。同时，民航行业也存在许多实际问题有待进一步解决，例如，投资类法规限制、航空安全标准偏低、运行管理能力较弱、航空公司间过度竞争合作不足、行业发展不平衡、高水平专业人才不足、航空安全事件多发、建设资金需求缺口大等。

东盟通过“天空开放”政策实现了航空一体化，初期运行总体良好，为东盟与中国实现航空一体化奠定了良好基础，有利于双方实现互利共赢；也为广西进一步成为面向东盟的重要航空门户、航空枢纽和航空大通道等创造了区域政策和市场条件。

Study on the Process and Implementation Effectiveness of ASEAN Aviation Integration in the 21st Century

Li Hongbin　WangZhen

Abstract　ASEAN's aviation integration is an important content of ASEAN interconnection, ASEAN integration and ASEAN community construction. Led and promoted by the ASEAN General Plan of Connectivity, ASEAN member countries have overcome difficulties of different aviation bases and uneven development in various countries, actively promoted from four aspects of foreign affairs, policy, law and business, and have experienced three stages. In 2016, they had realized aviation integration, entered the initial stage of operation after aviation integration, and obtained bright development transcripts in the past five years. This has laid the foundation and market foundation for the integration of China and ASEAN aviation, as well as for Guangxi to become an important aviation portal, aviation hub, aviation corridor and so on.

Key Words　ASEAN; Aviation Integration; Process; Aviation Corridor; Guangxi

Authors　Li Hongbin, Civil Aviation Flight University of China, and Guangxi University, Master's Supervisor, Researcher, Ph. D. ; Wang Zhen, Binzhou College, Lecturer.

附　录

Appendix

中国—东盟区域发展省部共建协同创新中心简介

中国—东盟区域发展省部共建协同创新中心的前身是中国—东盟区域发展协同创新中心。中国—东盟区域发展协同创新中心由广西壮族自治区人民政府主导，联合中共中央对外联络部、外交部、商务部、中国农业银行，由广西大学牵头，协同国内外重点高校、重要科研院所共同组建。中心以打造“国家急需、世界一流、制度先进、贡献重大”的中国特色新型高校智库为目标，致力于发展中国—东盟领域政治、经济、国防、外交等重大问题的合作与创新研究，培养“东盟通”特殊人才，服务“一带一路”倡议等国家政策。

中国与东盟的合作虽然取得了巨大的成就，但随着外部环境和外生因素的变化，新问题也层出不穷，严重影响和制约着中国与东盟国家在政治和经济领域的合作与发展。为加强对中国—东盟区域发展重大理论与实践问题的综合研究，为中国—东盟命运共同体建设、中国—东盟关系发展提供理论支持、政策咨询和人才支持，中心于2015年3月15日在北京举行了第二轮组建签约。

第二轮组建签约后的中国—东盟区域发展协同创新中心由28个单位构成。主要包括牵头单位广西大学，核心单位10家（云南大学、暨南大学、南开大学、对外经济贸易大学、西南交通大学、中国人民解放军国防大学战略研究所、中国社会科学院亚太与全球战略研究院等），支撑单位6家（外交部亚洲司、外交部政策规划司、商务部亚洲司、商务部国际贸易经济合作研究院、中共中央对外联络部当代世界研究中心、广西壮族自治区

图 1　中国—东盟区域发展省部共建协同创新中心组建签约仪式

人民政府办公厅），成员单位 11 家［南京大学商学院、外交学院亚洲研究所、中央财经大学金融学院、中国人民大学国际关系学院、厦门大学东南亚研究中心、中国—东盟商务理事会、安邦咨询公司、东中西区域改革和发展研究院、广西国际博览事务局（中国—东盟博览会秘书处）、广西金融投资集团、中马钦州产业园区管委会］。2019 年 9 月，中国—东盟区域发展协同创新中心被教育部认定为省部共建协同创新中心（下文称“协同创新中心”）。

协同创新中心依据《理事会章程》要求，围绕中国—东盟命运共同体间“讲信修睦”“合作共赢”“开放包容”的建设目标，秉承“精简、高效”的原则，实行理事会领导，学术委员会对学术问题把关的中心主任负责制。

发展目标

中国—东盟区域发展省部共建协同创新中心的建设，将以国家和东盟区域发展的重大需求为导向，以中国—东盟全面战略合作伙伴关系发展中的重大协同创新研究任务为牵引，以服务中国—东盟区域发展实践和理论创新重大需要为宗旨，提升科研、学科、人才“三位一体”创新能力，优化国际问题研究全方位创新环境，努力将中心建设成为集科学研究、学科建设、人才培养、智库建设、体制创新于一体，世界一流的区域发展理论创新高地、政策咨询智库和人才培养基地，打造中国高校特色新型智库，使中国—东盟区域发展省部共建协同创新中心成为具有国际重大影响的学术高地。

● 科学研究

世界一流的区域发展理论创新高地。中共中央对外联络部、外交部、商务部和广西壮族自治区人民政府的共同支撑将在科研上体现创新。建立知识创新机制、体制创新机制，营造有利于协同创新机制形成的环境和氛围，打造中国高校特色新型智库。

● 学科建设

建成中国—东盟区域发展国家特色学科。在研究的过程中，协同创新中心将凝练学科方向，汇聚学科队伍，构筑学科基地，制定学科建设规划，创新研究成果，形成新学科课程基础，有计划地举办全国或国际学术会议、接受国内外同行研究人员参与相关项目研究，发挥对外学术交流窗口作用，努力将创新中心建成本学科的全国学术交流和资料信息高地。

● 人才培养

国际知名的创新型人才培养基地。“7 校 2 院、2 央企”的协同机制，并有 5 所高校作为成员单位加入，实现人才培养“需求与供给”对称，可以建立跨国家、跨学科、跨学校、跨领域的人才培养平台。

● 智库建设

国际著名的中国特色新型智库。中国—东盟区域发展省部共建协同创新中心科研团队的组建涉及党、政、军、学、研、企各行业，既有理论研究人员，又有实践部门的案例支持，科研成果的决策应用性将更加突出“政、产、学、研、用”一体化试验田。机制创新、制度创新作为协同创新中心建设的关键，可以为人文社科领域科学研究开设试验田，在探索高等学校科研体制改革方面发挥示范和辐射作用。

平台与研究团队集成

中国—东盟区域发展省部共建协同创新中心围绕“讲信修睦”“合作共赢”“守望相助”“心心相印”“开放包容”中国—东盟命运共同体目标，加强 10 个创新平台建设。协同机制形成后，将集中形成 6 个研究团队。这 6 个研究团队集成，共有 49 支研究团队，分别由协同创新中心主任、首席科学家担任主要负责人，分布在 10 个协同创新平台。

协同创新中心打破协同单位原有界限，实行“校校协同”“校院协同”“校所协同”，以课题和任务为纽带，形成“你中有我、我中有你”的紧密型合作。为了充分调动协同单位的积极性和创造性，增强责任感，充分发挥协同高校在基本理论研究、人才培养、学科建设方面的优势，中共中央对外联络部、外交部、商务部和广西壮族自治区人民政府、中国社会科学院在科学研究、政策咨询方面的优势，以及中国农业银行、国家开发银行在现实案例、数据库建设方面的优势，我们对各协同单位在建设中的分工都有所侧重。

广西大学国际学院简介

广西大学国际学院成立于2018年6月。由原中国—东盟研究院、中国—东盟学院、中加国际学院、国际教育学院、广西大学复杂性科学与大数据技术研究所5个单位整合而成。作为广西大学最年轻的学院，国际学院承担着广西大学国际化战略的重要任务。目前，国际学院主要负责广西大学与美国、法国、加拿大等国知名大学的交流与合作。项目包括中加国际学院、中美“3+1”本科、中美“3+1+1”本硕连读、中法“1.5+3.5”本科等。同时，学院还负责全校留学生的招生与管理、对外汉语教学等国际教育事务。

学院的发展得到了广西大学的高度重视。广西大学副校长范祚军教授兼任首任院长，覃成强教授任学院党总支部首任书记，王玉主研究员任执行院长。各级领导多次到学院检查和指导工作，为学院的发展带来了强大的动力。

学院目前拥有教职工123名，其中中方教职工115名，外籍教师8名；在读中国学生775名，其中博士研究生17名，研究生39名，本科生719名。截至目前，学院负责招收管理全校留学生2251名，招生规模特别是留学生数量呈逐年递增趋势。

学院是广西大学国际化的窗口。学院结合区域发展趋势，坚持特色化办学、国际化发展的定位，不断融合先进办学理念，创新人才培养模式，为区域社会经济文化发展服务，利用自身国际化水平以及科研平台优势，向建设一流学院不懈努力（数据截至2020年7月）。

广西大学中国—东盟研究院简介

广西地处中国面向东盟开放的前沿地带，具备与东盟国家陆海相邻的独特优势，正积极构建面向东盟的国际大通道，打造西南中南地区开放发展新的战略支点，形成“一带一路”倡议有机衔接的重要门户。习近平、李克强等党和国家领导人曾多次作出重要指示，肯定广西在中国—东盟合作中的重要地位，并明确要求广西要积极参与中国—东盟自由贸易区、泛北部湾合作、GMS 次区域合作，充分发挥中国—东盟自由贸易区前沿地带和“桥头堡”作用。2005 年，时任自治区党委书记刘奇葆作出指示：“要加强对东盟的研究，找到合作的切入点，认真做好与东盟合作的战略规划，提出行动计划。”时任自治区党委副书记潘琦、自治区人民政府常务副主席李金早作出批示，批准广西大学联合广西国际博览事务局，整合全区高校和相关部门的研究力量，在原广西大学东南亚研究中心（1995 年成立）的基础上，成立中国—东盟研究院，为正处级独立建制，以东盟经济问题为切入点，研究中国—东盟双边贸易以及 CAFTA 建设中的重大理论、政策及实践问题，并在此基础上辐射至中国—东盟关系研究。

2005 年 1 月中国—东盟研究院成立时，下设中国—东盟经济研究所、中国—东盟法律研究所、中国—东盟民族文化研究所，主要研究方向涉及中国—东盟关系及东南亚国家的经济、法律、文化及民族等方面的问题。为适应中国—东盟关系的发展变化，2011—2013 年中国—东盟研究院进一步细化研究领域，强化研究深度，调整运行架构，将机构设置增加、调整为 10 个国别（越南、缅甸、老挝、泰国、文莱、新加坡、马来西亚、印度尼西亚、菲律宾、柬埔寨）研究机构和 10 个专业研究机构（中越经济研究院、广西大学 21 世纪海上丝绸之路研究中心、澜沧江—湄公河经济带研究中心、中国—东盟产业发展与生态环境研究中心、国际关系研究所、民族与文化研究所/骆越文化研究中心、法律研究所、中马产业园研究中心、中国—东盟战略研究所、中国—东盟财政金融政策研究中心），并启动建设中国—东盟研究国际在线研讨平台和中国—东盟全息数据研究与咨询中心，强化科研基础设施建设。

2013 年 6 月 1 日，中共中央委员、广西壮族自治区党委书记、自治区人大常委会主任彭清华同志就中国—东盟重大课题研究和中国—东盟研究团队、研究机构的建设与发展作出重要指示：“广西大学中国—东盟研究院，在高校里很有特色，有独特的地位。广西在中国—东盟关系里面，不管是一个桥头堡还是一个开放前沿，都有一个独特的区位优势，我们把广西大学中国—东盟研究院办好，加强科研团队建设，有利于更好地发挥广西在发展中国—东盟合作关系中的作用。中国—东盟研究团队多年来积累了一些研究成果，对我们今后更务实、有效地改进中国—东盟、广西—东盟的关系很重要，希望继续把它做好。”

近年来，中国—东盟研究院以“长江学者”“八桂学者”为重点目标，以“特聘专家”等方式引进国内外高校及研究机构的科研骨干，跨学科交叉组建研究团队。经过长期的建设发展，中国—东盟研究院已成为全国从事东盟领域研究人数最多的机构。

目前，中国—东盟研究院作为“自治区人文社科重点研究基地”，牵头建设中国—东盟区域发展省部共建协同创新中心，实施“中国—东盟战略伙伴关系研究‘部、省、校’协同创新工程”，争取使“中国—东盟区域发展省部共建协同创新中心”进入国家级协同创新中心行列。在此基础上，中国—东盟研究院拟申报成为“教育部人文社会科学重点研究基地”，未来将为中国—东盟关系领域的全面研究提供更广阔的平台。

广西大学中国—东盟研究院立足地缘和区位优势，研究中国—东盟双边贸易以及 CAFTA 建设中的重大理论、政策及实践问题，在国内乃至东盟国家有重要影响。以广西大学中国—东盟研究院为主要建设载体的“中国—东盟经贸合作与发展”“211”重点建设学科群已经成为广西该领域独占鳌头的强势学科，主要学科（专业）建设或研究方向已经达到国内领先水平。

广西大学中国—东盟研究院获得全国东盟研究领域第一个教育部哲学社会科学研究重大课题攻关项目和第一个国家社科基金重大项目，开创了广西人文社会科学研究的里程碑，成为中央有关部委、自治区党委、政府及其相关部门、地方各级党委、政府的重要智囊单位，研究成果或入选教育部社会科学委员会专家建议、中共中央对外联络部、教育部内参和成果摘报，或获得党中央、国务院和自治区主要领导批示，在学术界和社会上有较大的影响，研究成果居国内领先水平。

展望未来，中国—东盟研究院将本着跨学科、跨区域、跨国家的开放式研究平台建设思维，整合国内外该领域研究力量，创新科研团队形成机制，融合政治学、历史学、民族学等多个边缘学科，研究中国—东盟关系问题，并扩展到跨国界区域性国际经济合作理论与实践问题。“中国—东盟区域发展”作为应用经济学一级学科的新设二级创新学科，以博士点和硕士点建设为契机，以“中国—东盟关系与区域发展”作为研究对象，试图形成完整的中国—东盟关系多学科互动研究体系，使本团队的理论研究具有前沿性、基础性、支撑性。

广西大学中国—东盟信息港大数据研究院简介

中国—东盟信息港大数据研究院（中国—东盟大数据研究院，以下简称“研究院”）于2018年正式成立。研究院围绕中国—东盟合作大数据建设和中国—东盟信息港建设，整合政府、高校、科研机构及企业等多方资源，充分利用云计算、物联网、大数据等新一代信息技术，以产学研相结合的模式着力构建国家一流大数据创新性平台，推动先进信息科学技术嫁接金融、对接产业、服务实体经济，以推动广西信息化、数字化建设，加快产业转型升级、培育战略性新兴产业、深化供给侧结构性改革，进一步提升广西开放合作水平，落实习近平总书记视察广西时提出的“夯实提升中国—东盟开放平台”新要求，支撑国家“一带一路”倡议伟大构想。

研究院主要围绕以下几个方面展开工作：

1. 重点开展中国—东盟大数据平台建设。通过数据库建设，建成服务中国—东盟合作的数据中心，支撑中国—东盟信息港大数据中心建设，充分迎合“一带一路”建设、大数据发展战略等国家需求。

2. 提供政策研究和决策咨询服务。研究院致力于推动“一带一路”倡议、中国—东盟共同体建设、中国—东盟信息港建设的政策研究，运用数据挖掘技术辅助经济运行分析决策、依托人工智能技术打造东盟数字化新型智库，为中国—东盟信息互联互通、广西信息产业体制机制创新提供政策依据和参考。

3. 打造高端科研平台，聚集一流大数据研究人才。就中国—东盟信息港建设、人工智能、大数据技术等重要议题开展学术研讨会，进行定期或不定期的交流融合。通过搭建和打造多层次的高端学术交流平台，提供学术交流和思想碰撞场所，成为连接广西信息行业内外各界沟通交流的纽带和桥梁，促进理论与实践研究全面发展。

4. 联合开展实地调研和各层次课题合作。研究院立足中国—东盟信息港建设中面临的重大理论与现实问题，与各大政府机构、企事业单位联合开展实地调研，推进前沿性、系统性、顶天与立地相融合的科学研究。

5. 培养和输送高层次计算机人才，举办大数据方面专业培训。通过重大课题研究攻关、以老带新等方式，深化人才培养模式创新，扩大人才培养的规模，打造一支研究型、专家型、创新型、复合型智囊团队。通过举办相关培训和学术研讨交流会可以为计算机领域培养一批具有国际视野、兼具理论基础和实践经验的高层次大数据人才。

目前，研究院已建成“数据挖掘分析中心大数据实验室”，以“融合”的思维，实现大数据融合和办公空间融合，建成了一套大数据同平台共享，音视频信号互联互通、可知可感的现代智慧型大数据实验室，可以满足支持集中和分布式协同科研工作，具备了大数据平台部署的硬件条件和部分软件环境。已整合完成多个全球各大网站数据源，包括全球政治事件数据库、东盟十国（八个专题）爬虫数据库、全球盟约数据库、全球恐怖事件数据库、东盟十国日报周报月报数据库、世界银行数据库、联合国贸易数据库、舆情监测系统数据库等各类型数据资源，在东盟大数据采集、分析与挖掘方面取得了重要进展。建成了东盟舆情系统、“一带一路”舆情系统、东盟智能建模分析系统、机器视觉慧眼系统等平台，基于以上平台的建设成果，研究院充分利用丰富的数据资源以及专业的大数据挖掘分析技术提升智库服务水平，为政府部门开展中国—东盟合作、西部陆海新通道建设、面向东盟的金融开放门户建设、数字广西建设等提供了丰富的决策咨询报告。

2019 年研究院获批成为广西壮族自治区工程研究中心，被认定为第一批数字广西建设标杆引领重点支撑平台（大数据研发中心），“中国—东盟大数据研究”创新团队获批自治区“八桂学者”设岗团队。2020 年研究院被认定为数字广西建设优秀成果“数据挖掘分析人才聚集与培养基地”。

《中国—东盟研究》征稿启事

《中国—东盟研究》是由中国—东盟区域发展省部共建协同创新中心主办、广西大学中国—东盟研究院承办的专业性学术刊物，于2017年正式出版发行，每年出版4辑，主要刊载国内外有关东南亚国别与地区、东南亚政治、经济、文化以及中国—东盟关系等领域的学术研究成果。本刊已获《中国学术期刊网络出版总库》及CNKI系列数据库收录。

《中国—东盟研究》设有“特稿”“国别研究”“区域研究”“一带一路”“澜湄合作”以及“会议与文献综述”等栏目，正在寻找有风骨、有才情的作者，期待有态度、有腔调的文字，热诚欢迎海内外学人惠赐佳作。

为保证学术研究成果的原创性和严谨性，倡导良好的学术风气，敬请作者投稿时注意如下事项：

一、来稿请提供Word电子版，字数以10000—15000字为宜。

二、来稿请提供中英文题名、中英文摘要（200字左右）、中英文关键词（3—5个）以及中英文作者简介（包括姓名、工作单位、职务、职称、电话、电子邮箱以及详细通讯地址等信息）。

三、来稿请严格遵守学术规范，引用的文献、观点和主要事实必须注明来源。注释采用页脚注，小五号宋体，具体请参见“《中国—东盟研究》引文注释规范”。

四、来稿其他规范包括：（一）字体：正文为五号宋体，题目为三号宋体加粗，一级标题为四号宋体加粗，二级标题为小四宋体加粗，行间距1.25倍。（二）编号：正文部分用一、二……（一）（二）……1、2……（1）（2）……编号法，依次类推。（三）图表：表格采用三线表，表名放在表格上方，图名放在图下方。

五、本刊对采用的稿件有修改权，若不同意，请来稿时注明。

六、本刊实行匿名评审制度，文责自负，切勿一稿多投。来稿一经刊用，即视为作者许可本刊使用该稿件的发表权、发行权、复制权、网络传播权等，文章发表后将获赠样刊两本，并酌情给予稿酬。

七、本刊恕不退稿。凡投稿两个月内未接到任何采用通知者可改投他刊。

八、本刊接收英文投稿，英文稿件将翻译成中文出版。

九、来稿请通过《中国—东盟研究》投稿邮箱：zg-dmyj@ gxu. edu. cn 和知网投稿系统（http：//zdme. cbpt. cnki. net/）投稿。编辑部联系电话：0771 －3232412。

《中国—东盟研究》编辑部

附：《中国—东盟研究》引文注释规范

1. 中文注释

对所引用的文献第一次进行注释时，必须将其作者姓名、文献名、出版社、出版时间、所属页码一并注出。具体格式举例如下：

（1）专著

王子昌：《东盟外交共同体：主体及表现》，时事出版社 2011 年版，第 109—110 页。

（2）译著

［美］汉斯 · 摩根索：《国家间的政治——为权力与和平而斗争》，杨岐鸣等译，商务印书馆 1993 年版，第 30—35 页。

（3）论文

徐步、杨帆：《中国—东盟关系：新的起航》，《国际问题研究》2016 年第 1 期，第 35—48 页。

（4）纸质版媒体

1）有作者（评论类）

邵宇：《中国重构对外资产负债表》，《上海证券报》2016 年 5 月 13 日。

2）无作者（新闻类）

《马哈迪畅谈马来人的新困境》，《南洋商报》2002 年 7 月 30 日。

2. 外文注释（以英文为例）

同中文注释的要求基本一致，只是论文名用引号，书名和杂志名用斜体。具体格式举例如下：

（1）专著

Robert O. Keohane and Joseph S. Nye, *Power and Interdependence: World Politics in Transition*, Boston: Little Brown Company, 1997, p. 33.

（2）论文

Amitav Acharya, "Ideas, Identity and Institution-Building: From the 'ASEAN Way' to the 'Asia-Pacific Way'?", *The Pacific Review*, Vol. 10, No. 3, 1997, pp. 319 – 346.

（3）文集中的论文

Steve Smith, "New Approaches to International Theory", in John Baylis and Steve Smith eds., *The Globalization of World Politics*, Oxford: Oxford University Press, 1998, pp. 169 – 170.

（4）报纸

"Laos-China Railway Project Construction Commences", *Vientiane Times*, December 3, 2015, p. 2.

3. 互联网资料注释

互联网资料格式参照以上中英文注释的要求，同时需要注明详细的网址以及登录时间。

（1）中文资料

1）有作者（评论类）

许宁宁：《中国与东盟走过了不平凡的 20 年》，新浪财经网，2011 年 7 月 28 日，http://finance.sina.com.cn/g/20110728/151310223248.shtml，登录时间：2015 年 9 月 6 日。

2）无作者（新闻类）

《越南吸引 354.6 亿美元外商直接投资》，越南通讯社，2018 年 12 月 27 日，https://en.vietnamplus.vn/vietnam-lures-3546-billion-usd-fdi/144240.vnp，登录时间：2019 年 1 月 4 日。

3）国家部委网页资料

《越南鼓励企业大力发展农产品加工业》，中华人民共和国商务部网站，2014 年 12 月 31 日，http：//www. mofcom. gov. cn/article/i/jshz/new/201412/20141200853990. shtml，登录时间：2018 年 4 月 4 日。

越南国家统计局：《越南统计年鉴 2017》，http：//www. gso. gov. vn/default_ en. aspx? tabid = 515&idmid = 5&ItemID = 18941，登录时间：2018 年 11 月 4 日。

（2）英文资料

1）评论性文章

Richard Heydarian，“Japan Pivots South，with Eye on China”，The Asia Times Online，January 26，2013，http：//www. atimes. com/atimes/Japan/OA26Dh01. html，登录时间：2015 年 12 月 22 日。

2）政府部门类

Australian Department of the Prime Minister and Cabinet，“Strong and Secure A Strategy for Australia's National Security”，January 2013，http：//www. dpmc. gov. au/national_ security/docs/national_ security_ strategy. pdf，登录时间：2018 年 12 月 14 日。

4. 硕博论文

张伟丰：《泰国能源研究》，2013 年云南大学博士学位论文，第 56 页。